名师名校名校长

凝聚名师共识
回应名师关怀
打造名师品牌
培育名师群体

小学语文
阅读与习作
教学探究

吴康概　黄靖华◎著

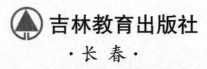

吉林教育出版社

·长 春·

图书在版编目（CIP）数据

小学语文阅读与习作教学探究 / 吴康概, 黄靖华著.

长春 : 吉林教育出版社, 2024. 9. -- ISBN 978-7-5734-3456-2

Ⅰ. G623.202

中国国家版本馆CIP数据核字第2024A7L295号

小学语文阅读与习作教学探究　　　　　　　　　　　　　　吴康概　黄靖华　著

XIAOXUE YUWEN YUEDU YU XIZUO JIAOXUE TANJIU

选题策划　张待纳　　　　　**责任编辑**　张　瑜　　　　　**装帧设计**　言之凿

出版　吉林教育出版社（长春市同志街1991号　　　邮编　130021）

发行　吉林教育出版社

印刷　北京政采印刷服务有限公司

开本　710毫米×1000毫米　1/16　**印张**　14　　**字数**　162千字

版次　2025年3月第1版　　**印次**　2025年3月第1次印刷

书号　ISBN 978-7-5734-3456-2

定价　58.00元

序言

阳春三月，莺歌燕语。

今天收到我工作室学员吴康概老师发来的书稿——《小学语文阅读与习作教学探究》，去年在"省百千万人才培养工程"名教师培养对象考核汇报时，他已对出版著作计划做过介绍。现在，书稿即将如期付梓，我甚感欣慰。

常言道，无阅读不语文，无习作不教学。阅读与习作教学是语文教育工作重要的内容，不仅是练就语文教师教学的基本功，还是促进学生学好语文的关键。康概老师和靖华老师用最平实的语言与生动的案例，诠释了当前小学语文教学两大永恒命题——阅读与习作。

全书围绕阅读与习作这两个专题，分别从阅读教学、习作教学、课堂教学、能力素养四个方面展开论述，有议论，有叙述，有夹叙夹议，还有一些教学中的真实事例。各章节看似独立，内容上却紧密联系，环环相扣。单看章节标题可略知内容：譬如，《运用思维导图，创新阅读教学模式》，与后面《整本书阅读法，培养语文核心素养》一文，阐述角度不同，但主旨都是运用思维导图，开创新的阅读教学模式。进入深层次阅读后，我们便会对有效开展阅读教学有新的认识：原来阅读不仅可以读出来，还可以"画"出来，且如此直观、生动、形象。

另外，在《掌握信息技术，提升作文教学水平》一文中，强调习作教学要注重真实场景，如指导学生习作"美丽的文化广场"

时，一方面带领学生到现场认真观察，了解广场上的每个景点及方位；另一方面可以把文化广场各景点景物按一定顺序拍摄下来，并配上美妙动听的音乐，利用电脑重放、慢放、定格等功能，将文化广场的假山、喷水池、左边的大花坛、右边的翠竹园等景物——展现在学生面前，再指导学生写作。学生在这样直观到位的写作指导下，胸有成竹，下笔如有神，好文章水到渠成，习作指导教学效果立竿见影。

通过《小学语文阅读与习作教学探究》一书，我们看到了康概老师和靖华老师的教学观正逐步成熟，窥见了热爱语文、热爱生活、热爱人生的教育同行的成长历程。深刻的实践心得与丰富的阅读习作案例集于一书，使得全书立意高，观点新，可操作性强，极具代表性和实践价值。正如画家、文学家丰子恺所说："没有人愿意抗拒美和真实的存在，因为这是人类永恒的追求。"康概老师和靖华老师，把曾经走过的路、进行过的教学实践，以及永恒不变的教育追求，用朴实的文字分享给我们，这对我们语文教师同行，特别是青年教师是很有启发的。

有幸成为本书的第一位读者，我受益匪浅，特写序贺之，以表感谢！

2024年3月13日

本文作者系华南师范大学附属小学常务副校长，国家"万人计划"教学名师，广东省名教师工作室主持人，广东省名班主任工作室主持人。

目录

第一辑

阅读教学

运用思维导图，创新阅读教学模式

《全日制义务教育语文课程标准（实验稿）》指出："阅读是搜集处理信息、认识世界、发展思维、获得审美体验的重要途径。阅读教学是学生、教师、文本之间对话的过程。""阅读是学生的个性化行为，不应以教师的分析来代替学生的阅读实践。""要珍视学生独特的感受、体验和理解。"这明确告诉我们：教师要尊重学生的独特体验，张扬学生个性，发挥学生主体作用；要改变那种教师主讲、学生被教、以碎问碎答、灌输语言和传授观点为主的传统阅读教学模式，确立新的自主阅读教学模式。

笔者在华南师范大学附属小学跟岗学习江伟英导师的"图解语文"教学法，并在阅读教学实践中研究应用，发现应用思维导图于教学中是实施自主阅读教学的有效策略，也是学生自主阅读的有效工具。对此，笔者对基于思维导图的语文自主阅读教学模式进行了积极的探索。

一、认识思维导图

思维导图又称脑图（Mind Map），是Tony Buzan在20世纪60年代提出的。它是"放射性思维的表达，是用来组织和表征知识的工具"。思维导图通常将某一主题置于中央位置，主题的主干作为分支向四周放射，每个分支上使用一个关键词或图标。"每一分支可以向下形成各自的分支。各分支形成一个连接的节点结构，整个图看上去就像人的神经网络。"

思维导图是融图像与文字的功能于一体的图式，是能够用图文将想法"画出来"的思维工具，它有"从中心发散出来或从某点延伸展开来的自然结构"。基本要素包括：主题或中心、关键词和连线、图标和色彩。绘制时，先准备一张空白纸张和一些颜色笔，从纸的中间或左方写上文章的题目或画出主题图案，最后从主题或中心图案处引出接线曲线，思考每画一条曲线就连出一个怎样的图标或标出与主题相关联的关键词或主要观点。

二、探索教学模式

（一）课前绘制导图，自主思考

课前预习是学习过程中一个重要环节，学生通过自主阅读，独立思考，绘制思维导图，是进行知识内化的个性化思维活动过程。这远比学生仅通过简单朗读课文进行预习，来得更有效果。

1. 教给预习的方法、步骤

（1）初读课文，整体感知

通过浏览、默读，了解课文主要内容，初步感知课文的类型与中心。

（2）再读课文，明确重点

用自己喜欢的方式读，知道课文可分为几个部分，找出重点词句段和表达手法，并做标记。

（3）展开想象，绘制导图

确定思维导图的布局、类型，展开想象，自由绘制。

（4）依图再读，添枝加叶

对照思维导图，反复阅读课文，不断"添枝加叶"，完善思维导图。

教学片段：《顶碗少年》

《顶碗少年》是作家赵丽宏写的文质兼美的文章，描写了顶碗少年三次表演的过程。学生通过画阅读思维导图，呈现出对课文不同角度、不同层次的解读。有的根据顶碗少年三次表演的动作、观众的表现、对碗的描写，画出放射模式的阅读思维导图；有的根据文章层次井然、按照事情发展顺序的特点，画出线性模式的阅读思维导图。无论何种形式的思维导图，都反映出学生构建知识的过程及理解的程度。

2. 阅读思维导图，调整教学设计

教师在课前检查学生的思维导图，看学生阅读思维导图连线或多或少，色彩或浓或淡，关键词多种多样，图标的形状千变万化，便可知学生对课文理解的深浅，能迅速找到学生普遍存在的思维障碍点确定教学重难点，从而让课堂教学更具针对性和实效性。

教学片段：阅读《桃花心木》

林清玄的《桃花心木》语言朴实流畅，寓意深刻。文章从描写桃花心木的形状很特别开始，引出桃花心木树苗和种树人，再写作者观察种树人种树的奇怪现象，最后写作者与种树人的谈论，点明了文章的主旨。在上课前，学生通过预习绘制了思维导图。通过课前检查全班学生的思维导图得知：学生大都读懂了课文内容，还有一部分学生不仅能读懂内容，还能初步感知作者借树的生长来比喻人的成长。但对重点句段深刻含义的理解是模糊的，未能深入阅读课文，联系实际生活理解"不确定"的内涵，进而领悟文章蕴含的道理。因此，我把课堂教学的重点放在通过联系上下文关键词句去体会寓意。

（二）课中交流导图，自主表达

1. 小组交流，合作探究

（1）小组交流、讨论，找出理解的异同，质疑，表达各自观点，并识记较重要内容。

（2）小组合作，绘制代表集体智慧的阅读思维导图，合力修改，学习方式不一而足。

教学片段：《两小儿辩日》

《两小儿辩日》讲述了孔子路遇两个孩子争论"太阳距离大地远近"，就连孔子这样博学的人也无法裁决。课中，小组内各成员根据自己的预习思维导图交流各自的理解，提出读不懂的问题，相互间质疑、分析、讨论、释疑。品读、解读字词句，对孔子的评价，两小儿的对错，"两小儿笑曰"中"笑"的理解，都成为学生热烈讨论的知识点。这个学习过程是轻松自由的，能力较差的学生在交流中不仅能弄懂故事内容，也能吸收到学习方法；能力较强的学生在思辨、阐述中更好地发展思维，自主学习能力得到很大的提高。从小组合作修改的思维导图可知，学生能清晰把握文章的层次，读懂故事内容，领悟文中所讲的道理。

2. 展示表达，师生交流

小组合作学习完成后，派代表上台，借助投影仪讲解他们的思维导图，向教师和同学分享解读文章的过程。教师引导学生品读词句、组织讨论，纠正阅读理解上的偏差，帮助学生修正思维导图，扩充知识点。

教学片段：《匆匆》

朱自清《匆匆》一文，紧扣"匆匆"二字，刻画了时间流逝的痕迹，思索人生的短暂，表达对虚度时光的痛惜。从学生的汇报中可知，学生能把握文章的结构，品读重点句子，结合生活实际，理解时光匆匆，并体会作者运用比喻、拟人等修辞，将不易察觉的匆匆时光写得更形象生动。但作者从时间的流逝中思索人生的痕迹这一点，大部分学生未能抓住。因此，在学生汇报的过程中，我相机引导学生结合生活仿写句子，品读重点词句"痕迹""赤裸裸""但不能平的，为什么偏要白白走这一遭啊？"体会作者不甘碌碌无为、力求努力向上的精神。

这样，摆脱了以往教师讲解、学生听讲的教学模式，以学生为主体，进行语言表达的积累，训练学生在说话、听话方面的实际运用能力和逻辑思维能力，让自主阅读教学落到实处。

（三）课后拓展阅读，自主迁移

（1）课堂中已完善的思维导图，应用于复述或背诵课文，加深对课文的理解，梳理习得的方法。

（2）课外阅读形成思维导图，拓展延伸。阅读教师推荐的文章或自己感兴趣的与课文相关的文章，运用学到的方法，绘制课外阅读思维导图。

（3）课内阅读与课外阅读有机衔接，以思维导图融为一体，构建课内外立体读书网络，实现学习阅历的有效拓展。

苏霍姆林斯基说："兴趣的源泉还在于把知识加以运用，使学生体验到一种理智高于事实和现象的权力感。"学生把在课堂上学到的自主学习方法应用于课外阅读中，能让学生获得阅读的成就感，提高阅读兴趣，养成良好的阅读习惯。基于思维导图的自主阅读模式，能促使学生主动进行阅读思考，激发更多自主发现，主动提出新问题，自觉推进阅读知识的迁移，令每位学生都成为"思维者"，在自主阅读的过程中，体会学习的乐趣，获取学习的自信和成就感。

总而言之，基于思维导图的自主阅读教学是提高学生阅读兴趣、阅读能力的一种有效模式。在这种对话式互动课堂中，它改变了传统纯课内阅读知识的刻板讲授，"唤醒了学生内部意识，唤起了学生的阅读热情，催化了学生产生浓厚的阅读兴趣，提高了学生的阅读能力，促进学生思维发展，促进合作学习和创造性学习，最终使学生学会学习，学会创新"。学生通过思维导图，获取阅读的知识和方法，发现知识点之间的联系，对学生所学过的同类型文章中的阅读知识加以标示，方便归类学习和灵活运用。作为小学语文教育工作者，追求学生阅读能力的提高，就必须要求教师改变以往墨守成规的阅读教学模式。而基于思维导图的自主阅读教学模式，正有效地改变着新课改下基础教育阅读指导工作高耗低效的局面。

（本文发表于《师道·教研》2016年第11期，刊号：国际ISSN1672–2655，国内CN44–1299/G4）

整本书阅读法，培养语文核心素养

整本书内容的人物形象以及故事情节比较完整，容量大、时间跨度长。整本书阅读活动中，学生们不仅要厘清整本书内容的故事发展情节，还要多角度多层次地挖掘故事内容表达的情感，感知故事内容的语言特点及写作方法技巧等。教师要将对学生核心素养的培养融入整本书阅读活动中，增强学生文化自信，培养良好语言能力，发展思维，提升审美创造能力，切实提升整本书阅读教学水平。

一、加强整本书阅读教学，提升小学生文化自信核心素养

教师是学生学习的指路人。如在《白鹿原》整本书阅读教学活动中，教师可能也会面临诸多问题，如自身阅读素养低下、对整本书阅读了解较少、对学生整本书阅读指导方法有误等。那么，作为学生整本书阅读道路上的指路人，教师就应解决以上问题，进行自我提高。首先，教师应提升阅读素养，增强自我文化自信。作为新时代的教师，在日常的教学中，应增加整本书阅读量。教师要进行大量的阅读，才能拥有丰富的知识，才能成为一个有文化涵养的人，进而带领学生远离低级的书籍，成为学生阅读路上的指路人。

其次，教师要定期参加专业培训。整本书阅读教学对很多教师来讲都是新生事物，自己这方面的知识可能有所欠缺。教师"应随时关注学术动态、阅读教育新闻和教育研究动态，丰富自己的知识储备"。这样才能对整本书阅读教学做到心中有数，从而提高自己整本书阅读教学的能力，进而更好地在整本书阅读活动中对学生进行正确的指导。最后，教师应制定合理的阅读书单。整本书阅读活动不是短暂的，而是长期的，学生还应看更多的整本的书，开阔阅读视野，提高阅读素养。而小学生辨别能力尚低，面对各类复杂的书籍，会不知所措。因此教师在指导整本书阅读时，应考虑到书本自身所传递的中华传统文化内涵，增强学生文化自信。

二、加强整本书阅读教学，培养语言运用核心素养

新课标强调："了解国家通用语言文字的特点和运用规律，形成个体语言经验；具有正确、规范运用语言文字的意识和能力。"整本书阅读活动正是切合要求的，教师要引导学生一边阅读一边写作，一边学习语言表达方式一边进行语言表达训练，从而将阅读与写作有机结合起来，进而切实提升学生的语文综合素养。

教师可以引导学生开展补白写作练习。整本书内容中，由于段落结构的安排及其他因素影响，作者会运用留白的艺术，运用简短的语言或者是省略号省去一些语言文字，达到"言有尽而意无穷"的艺术效果。补白练习，不仅能帮助学生深入理解文本内容，还能引导学生关注书籍中的细节内容。例如《骆驼祥子》，小说描述祥子买到新车时"祥子的手哆嗦得更厉害了，揣起保单……"学生可以想象一下祥子拥有自己的车后的喜悦之情，并将祥子的喜悦之情通过书面语言表达出来。

另外，对于低年级学生，教师也可引导学生在单元整体阅读后，进行写话练习。再以部编版语文一年级上册语文园地七"字词句运用"为例：

看图写词语，再说一两句话。

这里，教师引导学生仔细观察图画，按从上到下、从远及近的顺序，根据图画说一个完整的句子。教师有效培养学生认识事物、把句子说完整的能力，引导学生把语言运用与生活联系起来，让学生感受学习是生活的需要，表达的内容从生活中来，这能促进学生养成在生活中思考与运用语言的习惯，更积极主动地学习语文知识。同时，让学生把生活中的事物与语言学习联系起来，全面培养学生整本书阅读的良好习惯。

三、优化整本书阅读教学策略，培养思维能力核心素养

整本书阅读活动中，学生需要激发思维能力，分析大量的语言内容，需要整理书籍中的段落结构及思想主旨，因此需要掌握一定的阅读方法与技巧。教师要结合具体的书籍内容，引导学生掌握相应的阅读方法，帮助学生整体感知书籍内容。

教师要引导学生重视序文与目录的重要意义。目录是书籍的眉目，序文基本表述了书籍的主要内容，或者是作者的写作意图。序文及目录的阅读，能帮助学生在阅读之前对其有整体的感知，进而能为学生后续的阅读理解奠定基础。例如《夏洛的网》，教师就要引导学生关注书籍序文和目录，引导学生提前了解蜘蛛夏洛与小猪威尔伯的友谊，然后展开整本书的阅读分析。

教师要引导学生拓展思维，灵活运用分析、综合、抽象与概括等不同的思维方式进行阅读。不同的书籍内容适用于不同的阅读思

维方式，且学生也可以结合书籍中的章节内容灵活运用不同的阅读方式。比如《红楼梦》中描述人物故事的段落适用于分析与综合，与此同时，这本书中也有很多情节，学生可以反复揣摩，感受古人对人物形象的概括等。

部编版教材单元课文学习，需要优化阅读方法，精心培养学生思辨能力。如一年级上册第七单元课文《明天要远足》中的"远足"，对学生来说是个陌生的词语。要理解这个词语，老师可以先唤醒学生外出旅游的经验，在学生发言后，再结合文中的语句总结，"远足"指的是"到较远的地方出游"。

因此，结合课文内容，以思维导图的方式（韦恩图），运用课文语言说一说：你出游时有怎样的心情？你什么时候觉得自己很大？什么时候觉得自己很小？所以，本单元课文可以用思维导图呈现儿童丰富多彩的内心世界，达到培养学生思维能力核心素养的目的。

四、开展整本书阅读教学，培养审美创造核心素养

整本书中的故事内容比较多，人物角色也比较多，学生通过阅读探究，感受语言文字所表现出的形象美和情感美。合作交流时，可以引导学生从探索形象美的视角来分析故事内容及角色特点，引导学生加强对整本书内容的理解和感知，全面培养审美创造核心素养。而且在教学实践中不难发现，当学生们阅读过一本优秀的书籍后，他们就迫不及待地想要将其分享给小伙伴。因此教师可以引导学生围绕书籍内容、阅读方法技巧和阅读感悟等开展讨论交流，增强体验情感美。

例如《三国演义》，这部小说涉及了多个人物，且学生对人

物的评价都不一样，当学生们了解了小伙伴对人物的评价时，他们就会产生"我怎么没想到，还可以这样想"的思想，进而就会深刻理解这一经典著作。以曹操为例，有学生认为曹操比较奸诈，有学生认为曹操具备很强的领导才能，有学生认为曹操识别人才的眼光比较独特。以其中的赤壁之战为例，学生们可以分析影响战争胜负的多个因素，从而在分析讨论中提升语言能力。学生们进行分享交流，也可以将自己的分析整理到表格中，然后与小伙伴分享交流，体验语言美、形象美。

例如，教学一年级上册第七单元课文《大还是小》时，则是通过整体感知课文内容，引导借助拼音朗读课文，把课文读通、读顺、读流利，培养学生思辨审美创造能力。本单元围绕"儿童生活"进行编排，其中"语文园地七"设置了"和大人一起读"板块，内容是有趣的故事《猴子捞月亮》。这就是让孩子阅读耳熟能详的故事，激发亲子阅读兴趣和培养孩子阅读习惯，这是培养儿童审美创造能力的基础。

实录例析：

看图，文中的小朋友有时候感觉自己很大，很能干。可是，有时候又感觉自己很小，到底是怎么回事呢？什么情况下你还会觉得自己很大，什么情况下你又会觉得自己很小？

又如《项链》一课阅读教学课堂：

教师：这快活的脚印落在沙滩上，变成了什么呢？谁知道？（生答）我们看看书上的插图，你能找到大海的金项链吗？指给你的同桌看一看。谁能完整地说说，大海的项链是什么？（生答）原来，沙滩上，小娃娃踩出来的这一串串脚印就是大海的项链，（贴图片）多有意思呀！

通过结合课文朗读，对照插图，从文中找出能表示孩子情感变化的词语，用思维导图的形式呈现矛盾冲突的内心世界，这正是培养孩子审美创造能力素养的过程。

总而言之，整本书阅读是小学生必须开展的基本阅读活动，是培养学生语文综合素养的重要方式。因此教师要教授给学生整本书阅读的方法技巧，要组织开展基于整本书的阅读交流活动，从而切实提升小学生语文核心素养。

（本文发表于《中小学教育》2022年第4期，刊号：国内CN11-4299/G4，国际ISSN1001-2982，荣获茂名市小学语文学科教学论文评选一等奖）

开展名著导读，激发学生阅读思维

在语文教学工作中，我发现许多学生课外阅读少，思想囿于一片狭小的天地，知识贫乏，缺乏想象力和创造力，缺乏起码的人文素养。中国青少年研究中心副主任孙云晓教授说："名著普及困难有多方面的原因，首先名著历史发生久远，唤不起共鸣，而且社会上急功近利的风气严重，很少人能静心欣赏这些经典巨著。年轻一代比较自我，社会上流行的东西对他们影响较大。"学生在原生态的阅读中明显存在三大倾向：急功近利——为了应付考试，进行大量零散的语段阅读；浮光掠影——为了获取信息，而阅读一些短、平、快的"文化快餐"；轻松愉悦——为了消遣，阅读娱乐性强但缺少历史厚重和人文品性的书刊。由此可见，在学生中开展名著导读教学具有很强的重要性和必要性。教育工作者尤其是语文教师必须深切关注并采取行之有效的措施。

一、提高认识，确定开展名著导读教学的地位

阅读是对外部世界的开发，更是对自己生命的开发。因而首先要提高对阅读的认识，阅读史就是我们的精神成长史。"生命的质量需要锻铸，阅读是锻铸的重要一环。"余秋雨先生说，"阅读的

最大理由是想摆脱平庸。一个人如果在青年时期就开始平庸，那么今后要摆脱平庸就十分困难。人胸中久不用古今浇灌，则尘俗生其间。照镜觉面目可憎，对人亦语言无味。"可见，语文教师的第一要务就是引领学生要发自内心深刻认识到阅读尤其是阅读经典对他们的发展有多么重要！青少年正处在认知世界和素质形成时期，名著对其成长有不可忽略的意义。阅读是收集处理信息、认识世界、发展思维、获得审美体验的重要途径。阅读本身并不是目的，有益于人的发展才是它真正的目的。

1. 人文关怀的特性

"阅读是为了活着。"福楼拜在1857年6月《致尚特皮小姐》的信中如是说。缺憾与世界的不完善，使阅读成为人们的精神追求与"自我实现的需要"的最重要方式。从古至今，书册繁复无穷，浩如烟海，而经典名著是"过去文明汇聚和交流的见证，也是未来的记忆和希望的表达，更是反映一个社会生活的缩影"。其基本价值体现在文化传播、社会教育、历史借鉴和人类研究、鉴赏上；经过了历史的筛选，去粗取精、去伪存真，最经得起揣摩和消化；是历代圣贤名士的智慧精华，是世界文化的精髓，是全世界人文精神的结晶。对学生情感的熏染，人格的构建，习惯的生成，环境的优化，传统的相承，具有重要意义！假以时日，学生在阅读中会受到经典潜移默化的熏陶，陶冶其性情。对于发展思维、培养灵感、孕育创新能力，人文素养同样有着巨大的作用。美国诺贝尔奖奖金获得者罗杰·斯佩理的研究成果，也充分表明人文关怀对人的创新能力的开发有着重要的作用。素质教育的关键是开发学生的知识创新能力。但是，对科技知识、文化知识创新能力的培养，绝不能离开历史文化知识特别是优秀传统文化，仅数理化、外语等学科的教学就可以完成的。

2. 语文学习的特点

以死抱课本对付考试为目的的阅读是狭隘的，是不利于学生发展的，阅读必须向课外拓展。《义务教育语文课程标准（2011年版）》明确指出，学生要"广泛阅读各种类型的读物""每学年阅读两三部名著"，九年课外阅读总量应在400万字以上；实施建议里明确指出要"扩大阅读面，增加阅读量，提高阅读品味。提倡少做题，多读书，好读书，读好书，读整本的书"。一个民族数千年的文化，积淀于经典之中，对人类有重大贡献的不朽范例，也可以精选出数十百篇以做代表。如能熟透这数十百篇，则"单字自在其中，文法自在其中，文艺自在其中，思想自在其中。由此立下根基，则无书不可读，无理不可通矣，此执简御繁之道也"。学生天生直觉能力极强，只要有千百句语句常在口头绕心头转，久而久之，自能触类旁通，进而应用自如，语文能力之潜进毋庸置疑。所谓"读书破万卷，下笔如有神""胸藏万汇凭吞吐，笔有千钧任翕张"，就是诠释了这一道理。高考作文满分获得者蒋昕捷就特别爱读名著，尤其热爱中国古典名著。他的作文《赤兔之死》全篇皆文言，引经据典，一气呵成，令当时所有阅卷老师倍感欣喜。

二、因势利导，建立有序的导读方法机制

1. 进行有序的阅读指导

按照建构主义心理学和接受美学的观点，每个人都是以自己独特的方式去建构对事物意义的理解。课外阅读也是如此，学生阅读同样的阅读材料，也会由于原有的知识积累和生活经验的不同，对材料产生不同的理解，有的贴近原文，有的对原文加以升华，有的

却与原文风马牛不相及。这时，如果没有教师加以有效指导，就可能会使学生出现理解上的偏差，影响其课外阅读的兴趣和质量，而一些基础较差的学生则更会一筹莫展、"丈二和尚摸不着头脑"，不利于全体学生的发展。因此，教师应该经常给学生以有意义、有目的的帮助和指导。尤其是刚刚起步时，要充分考虑学生的年龄特点和接受能力，可以选择学生较感兴趣的，如《西游记》《三国演义》《水浒传》《鲁滨孙漂流记》《老人与海》等。这些作品真实地反映较长时段、较宽领域的典型化生活场景，易于从中领悟人生的真谛、生活的酸甜苦辣，在阅读过程中能够享受与作者、作品中人物"对话"的愉悦，充实、净化情感世界。从学习语文的角度来讲，这些作品涉及了众多的生活场景描写，运用了丰富的语汇，能体现出作家作品的风格，可以让读者有多方面的收获。

2. 合理指导安排阅读

将机械的抄写作业尽量压缩，引领学生视实际情况，每日争取花半小时左右的时间有计划地阅读名著。对于名著不能平均施力，一个时间只能死啃一本，附带着集中阅读与它有关的书籍，务必把这个制高点完全占领。这是一个似慢实快的办法，更不要摆出博览群书的派头一目十行、一天一本。如果本本都是泛泛而读，到头来就像笨熊掰玉米，掰一个丢一个，满地狼藉却食不果腹。应该反过来，慢慢地啃一本是一本，神定气稳地反复咀玩。每一本又都是高水平的作品，那么用不了多久，学问规模就会一点点逐渐累积起来了。

3. 引导探究反思

苏霍姆林斯基曾说："在人的心灵深处，都有一种根深蒂固的需求，这就是感到自己是一个发现者、研究者、探索者……"但是学生存在阅读的差异性，学生的智慧也是有限的，况且又处在阅读能力的提高过程中，如果仅仅让学生独立思考，可能会出现"百思不得其解"的情形，学生往往会陷入迷惘、困惑中，所以，教师应该鼓励、倡导，对有价值的焦点问题，组织讨论、辩论。讨论以学生为主体，经过学生的积极思考，相互探讨，以求得问题的解决和认识的深入，在矛盾中展开积极的思维，激发智慧的火花，引发学生强烈的求知欲，调动起学习的积极性。总之，学生一进入名著这个广阔天地，固然会有仰望文学大厦的望而却步，但引导有方就会使他们触摸到名著最感人的神经，从而感受到名著那贴心的呵护、细腻的抚摸、深沉的震撼和久远的回味。

三、培养习惯，让学生主体自求发展

《全日制义务教育语文课程标准（实验稿）》提出："阅读是学生的个性化行为，不应以教师的分析来代替学生的阅读实践。"因此，教师不应操纵学生的课外阅读，要把阅读的自主权还给学生，让学生在自主选择的过程中，在主动积极的思维和情感活动中，加深理解和体验，有所感悟和思考。美国心理学家威廉·詹姆士说过："播下一个行动，收获一种习惯；播下一种习惯，收获一种性格；播下一种性格，收获一种命运。"良好的阅读习惯足以影响人的一生，使人从中受到情感熏陶，获得思想启迪，享受审美乐趣。

1. 引导学生自主选择喜欢的阅读方法

对于课外阅读的方法，教师也不应强求统一，而应引导学生自主选择。默读、朗读、浏览式、赏析式、圈点式、摘录式、批注式、比较式、对话式……不拘一格。读写抄评、听说论辩、评价鉴赏融为一体，让学生在多样的方法中获得丰富的知识，在丰富的知识中打造厚实的文学功底，在厚实的功底中得到自豪感和成就感，从而保持经久不衰的阅读激情。

2. 引导学生选择自己喜爱的书册

课外阅读是学生自由的阅读，教师不能越俎代庖，随意指定，硬性摊派，强求统一，而应尊重和珍视学生的阅读心理与阅读个性，在给学生做好课外阅读材料推荐和指导的基础上，要让学生根据兴趣决定阅读书册。教师要以宽容的态度让学生自由地选择自己喜爱的阅读材料，给学生自主选择的权利，充分发展学生的自主性，让他们去享受无拘无束的阅读快乐。有的学生喜欢想象、幻想，他们可以选择想象瑰丽的科幻读物；有的学生多愁善感，囿于内心，他们可以选择感伤婉约的诗词散文小说；有的学生性格外向，他们可以选择豪放的诗词或紧张激烈的传奇武侠；有的学生抱负远大，脚踏实地，他们可以关注那些能给人丰富的人生启迪和发挥引路作用的名人传记……在自主选择阅读的书册中，学生会时时体验到发现自我的乐趣。

四、共同发展，引领学生合作交流

"你有一种思想，我有一种思想，交流之后，我们就各有了两种思想。"交流是非常重要的学习方法，它本身就是一种碰撞和融合，两种思想交流之后或许可以产生第三种甚至更多思想。名著的博大精深，使得交流在阅读中成为一种必需。在小组交流中，可以互相合作，利用各种途径查阅资料，可以互相探讨与交流，最大限度地激发小组成员的智慧，让学生在相互合作、探讨、交流中集思广益，相互启发，实现信息交换、资源共享，扩大信息和思维的容量。同时，提供一定的时间让学生交流阅读心得，组织丰富多彩的读书活动，让学生展示课外阅读的效果。如故事会、朗诵比赛、读书报告会、课本剧等形式，让学生向全班同学朗诵自己在课外阅读中积累的优美语段、名言警句、好词佳句、精彩故事……向全班同学讲课外阅读中所见的时事要闻、奇人怪事、民情风俗、自然风光、历史故事……向全班同学交流阅读的方法、感受、经验……从主要内容、写作特点等方面向大家推荐自己喜欢的书等。在学生的交流过程中，教师除了在必要的时候及时给予肯定和赞扬外，还鼓励学生之间相互点评。课外阅读中的合作与交流，满足了学生在自主阅读中的交际需求，为学生提供了表达自己读书收获的机会，同时还使那些原本没有兴趣参与课外阅读的学生受到"场"的影响，产生谐振，形成浓厚的读书氛围，使学生获得共同的发展。

总之，在名著导读教学中，教师引领，学生主动，师生互动，合作探究，这几方面都是相辅相成、环环相扣的。只有深入指导学生的阅读，才能增强学生的阅读能力，不断扩大学生的知识面，最终共同提高师生的人格修养和审美情趣。"雄关漫道真如铁，而今迈步从头越。"我们要不失时机地开展名著导读教学，从小培养学生的文学素养。

（本文荣获茂名市直属学校小学语文学科优秀教学论文评选一等奖）

加强朗读训练，培养学生良好语感

"语文老师魔性朗诵《将进酒》戏精附身"的视频在网上引发热议，视频中老师手舞足蹈、声情并茂的一段朗诵，使得整堂课"活"了起来。事实上，朗读不仅能活跃课堂气氛，而且在阅读教学中发挥着不可或缺的作用，它是阅读的起点，是学生理解课文的重要手段。朗读能发展学生的思维，激发学生的情趣。学生朗读能力逐步提高，对课文内容的理解就会逐步加深。这就是古人所云："读书百遍，其义自见。"因此，语文教学尤其是小学语文教学一定要咬定"朗读"不放松，让学生充分地读，在读中感悟，在读中积累。

一、以范读树榜样，引起学生情感共鸣

朗读是"口耳之学"，虽然现在有了很多现代化教学手段，如录音、多媒体等，但教师范读仍然有着不可替代的作用。同样是诵读，如果教师的范读字正腔圆、有声有色，不仅能给学生的朗读树立良好的榜样，直接影响学生的朗读，而且容易吸引学生，使他们把注意力很快地放到文本中去，通过教师的范读深入地了解课文内容，体悟课文的思想感情并引发情感共鸣，有利于学生养成良好的

朗读习惯。

就如文首提到的视频主人公史老师，不仅是《将进酒》，其他诗词他也会用这种饱含深情的方式在课堂上朗诵。他把自己对作品的独特见解寓于别出心裁的教学设计，采用朗诵的方式最大限度地还原了作者创作时的心境，将其要表达的情感通过"有声语言"表现出来。"人生得意须尽欢，莫使金樽空对月""钟鼓馔玉不足贵，但愿长醉不复醒"，在声情并茂的朗诵中，仿佛他就是那一个豪饮高歌、忧愤狂放的李白。从教师朗读的节奏、语调及神态中，学生不仅体会到语言节奏的美感，而且加深了对课文内容的理解：哦，原来李白是这样的啊！

当然，教师应明确，教师范读只是引路而已，旨在示范启发，而不是让学生机械地去模仿，更不能取代学生的朗读体验。

二、以情感为引领，启发学生感悟作品

语文大师叶圣陶说："设身处地，激昂处还他个激昂，委婉处还他个委婉。"在正确、流利地朗读作品的基础上，朗读最重要的是要读出感情，读出作品中的爱意、赞美、陶醉、感动、悲伤、孤独、遗憾……所以，教师要引导学生仔细推敲课文中重点词句、段落、篇章的深层内涵，细心体味字里行间的意味和情感。要求学生在朗读中走进作品中的角色，作品中人物的喜怒哀乐，也是你的。那样的朗读，才能将文字转化为饱含感情的声音，直抵听众的内心。

在教学《秋天的怀念》时，我选择将第二段的母子对话让男生和女生分角色朗读，读前我进行了必要的点拨：对于去看菊花这件事，母亲很希望"我"去而"我"却很不热心，那么两人的对话中他们各自的语气应该是怎样的？在朗读的过程中，学生读得入情入

境，把"母亲"的担心恳求、"我"的烦躁敷衍都表现得很贴切，而且，他们从边读边思考的过程中明白了很多文章中隐含的信息，如"母亲"一定是多次提出了这样的要求，而"我"也一定是屡次拒绝；"母亲"是多希望把"我"从绝望的边缘拉回来，看到生活的美好，振作起来。

又如这篇文章的最后一段，我采用指名读：

又是秋天，妹妹推我去北海看了菊花。黄色的花淡雅，白色的花高洁，紫红色的花热烈而深沉，泼泼洒洒，秋风中正开得烂漫。我懂得母亲没有说完的话，妹妹也懂。我俩在一块儿，要好好儿活……

从教师的指导和朗读实践中，学生悟出，从排比句式及"泼泼洒洒""烂漫"等词可知，描写菊花样子的第二句朗读的节奏应是由慢到快，舒缓而紧凑的；而后两句与前文"母亲"的临终嘱托呼应，意味深长，作者要表达的情感也尤为复杂：有未能尽孝的遗憾、有对生命的眷恋、有对母亲深深的爱和怀念，所以读时的语调要深沉而委婉。如此一来，以情来导读，用读来悟情，作者要表达的情感在朗读中已经传达到学生的内心，学生要理解课文也就轻而易举了。

三、以情境为手段，激发学生朗读兴趣

作者心有境，入境始为亲。因此，要激发学生的朗读兴趣，使他们迅速入境"入戏"，读出真感情，教师要会耍一些"小手段"。我们可以根据课文的内容、感情基调，巧妙地创设一些情境，如配一段优美的背景音乐、一段小视频等，充分调动学生的听觉、视觉、触觉等感官，让他们自然而然地进入作者的"境界"

中，品味生动、形象的语言，继而有感情地朗读出来。在教学《观潮》时，我首先让学生们观看了一段钱塘江涨潮的视频，学生都被那浪潮磅礴的气势震撼到了，直拍手称奇，所以在读到"浪潮越来越近，犹如千万匹白色战马齐头并进，浩浩荡荡地飞奔而来；那声音如同山崩地裂，好像大地都被震得颤动起来"这段时，他们就像身临其境一样，惊奇、赞叹溢于言表。又如表演朗读，是小学生喜闻乐见的朗读形式，在人物对白较多的记叙类文本中最为常用。新颖的形式，成功的喜悦，一定能够激发起学生反复朗读的兴趣。

四、以技巧做依托，提高学生朗读能力

要加强学生的朗读训练，教师的范读只是把学生引进门，至于里面的"门道"，需要教师"下水"，教给学生一些朗读技巧，主要是停顿、重音、快慢、升降四个方面。

1. 停顿

停顿时间的长（︵）短（▲）可以营造不同的表达效果；停顿的地方不限于有标点处，有时根据表达的需要，在有标点处也不能停顿，而是要一口气连读（︶）。例如："坐着，︵躺着，︵打两个滚，▲踢几脚球，▲赛几趟跑，︶捉几回迷藏。"（《春》）恰如其分的停顿使句子所抒写的惬意和活泼轻快淋漓尽致地表达出来。

2. 重音

一句话中需要强调或者能突出中心的词语或句子，朗读时可以用增大声音的强度等方式，使得这些词语或句子更引人注目。例："春天来了，可是我什么也看不见。"（《语言的魅力》）

3. 快慢

在把握作品感情基调的基础上，要根据具体内容相应调节朗读的速度。如《火烧云》的这一段："过了两三秒钟，那匹马大起来了，腿伸开了，脖子也长了，尾巴却不见了。看的人正在寻找马尾巴，那马变模糊了。"火烧云形状变化得非常快，所以朗读的时候语速要加快。

4. 升降

语句有了声音高低的变化，抑扬顿挫，听起来富有音乐美，更能细致地表达不同的思想感情和语气。这在分角色朗读中最为明显。

为促进学生的朗读训练，在掌握这些技巧后，教师可预设丰富多彩的朗读方式让学生多加练习，如个别读、齐读、自由读、小组读、分角色读，等等。课堂朗读的方式越多，学生就越能得到不同形式的训练，熟能生巧，才能声随情动，心凭意达，朗读能力才能得到提高。

五、以评价为推手，鼓励学生形成习惯

当学生按照自己对文本的理解朗读完后，教师要适时针对学生的朗读情况及质量做出评价，还可指导学生开展自我评价，或鼓励同伴参与到评价中去。但有两个原则：一是以激励性评价为主。在客观评价朗读情况后加以正面引导，如"你真是我们班的朗读小明星""这一次你进步了很多，如果吐字更清晰一些，你能做得更好""听了你的朗读，老师的耳朵都听醉了""听，大家的掌声已经为你响起来了""老师为你的朗读点赞"……二是尊重学生对文本的个性见解。朗读指导中教师不能时刻拿自己的那套标准来要求、限制学生，要尊重学生对文本的多元解读，学生的独特感受、

体验和理解，有可能成为我们日后教学的珍贵资源。学生在得到教师正面的评价和肯定后，朗读兴趣就得到巩固，经过不断训练，逐渐养成良好的朗读习惯。

朗读是语文教学中的传统教学方式，如何把它更好地融合到教学中并发挥其积极作用，广大语文教育工作者还要下苦功夫，不断研究、实践和总结，去激发学生兴趣，促使其养成良好的朗读习惯，让琅琅的读书声回归语文课堂，让语文教学回归本真。

开展绘本阅读，启蒙孩子读书人生

"绘本"，这个名词曾一度带动全国形成一股读书热。其实，绘本实质上就是图画书，但是它又区别于传统的图画书。它是集"文字"与"画面"于一身的一种图画书，即画面补充文字，文字补充画面，两者之间形成了一种互补性的关系，这也正是绘本魅力的所在。

本学期我们学校语文组也尝试着对低年级孩子进行绘本的导读。我们是把绘本阅读作为开展低年级语文综合性学习的一种载体进行研究，提倡快乐阅读，即我们研究的主要目标是借助绘本，在听说读写的综合性游戏式的活动中，提高低年级孩子听说读写的综合能力，培养他们对阅读的兴趣，对美的感受力，丰富的想象力，对周围世界的认识能力，培养乐于观察、乐于动手、乐于合作、乐于探究、乐于学习语文的情感。

一、绘本快乐阅读课的基本原则是：自主、开放、互动

与绘本快乐阅读课的基本原则相应的教学方式有：

1. 参与式

首先，在阅读的过程中应尊重每个孩子的不同感受，并积极

鼓励他们边读边猜想后面将要发生的事；鼓励他们参与到编写故事中，想出与作者不同的更有意思的情节或续编结尾；鼓励他们将自己比拟成故事中的角色。例如，读《彩色的乌鸦》可以让儿童将自己想象成一只色彩斑斓的乌鸦，他们就会很自然地以"我"的身份进入故事，感受故事，思考"我"会怎么做。

其次，让孩子从书的封面到封底、从扉页到版权页、从前言到目录等认识书，再引导孩子在参与中学会挑选图书。当孩子积极借书捐书时，要不断提出参与的要求——选择适合的书，最好是优秀的书；扉页不能空着，必须写上自己的话。

最后，从第二学期开始就可以一节课读几本书了，或一起读一套书中的一本，其余的由孩子们课外阅读。如可以先一起读"恐龙温馨故事"中的《你看起来好像很好吃》，再让孩子们自己读《你真好》《我是霸王龙》；先一起读"彩乌鸦"系列中的《彩色的乌鸦》，再让孩子们自己读《一只孤独的乌鸦》《一只与众不同的乌鸦》。还可以引导孩子们读一套书中每一本的开头，或由教师"预告精彩片段"，引起孩子的阅读兴趣，让他们先在课外读完整本书，如可先一起读"杨红樱亲子绘本故事"中的一本，预告其余四本的精彩片段。或选择内容或形式相关的几本书，以一本带其他，如可先一起读《失落的一角》，再自己对《失落的一角遇见大圆满》做比较性阅读；先一起读《七只瞎老鼠》，再自己对《盲人摸象》做比较性阅读。无论是课内阅读还是课外阅读，都应在课内交流分享，让孩子有一个展示的平台。在交流中，孩子既可以体验成就感和分享的快乐，又可以强化阅读兴趣。

2. 开放式

教学地点开放：阅读绘本也需讲究氛围和意境，可以根据需要在教室，在阅览室，在学校的花园或别的地方，营造一种积极的阅读氛围，拉近书与孩子的心之间的距离。

教学人员开放：授课者不必都是同一位教师，可以是不同班级教师的交流，或与专家、作家、故事妈妈、故事天使、图书管理员等演绎故事，诠释故事，分享故事。

阅读内容开放：不必都读作家所写，也可以阅读学生自己的优秀作品，如同校同学的作品或同班同学的作品。

3. 互动式

分小组的同学间互动——互相交流图书，交流读后感，合作创作新书。

师生间的课上课下、网上网下互动——互相鼓励、启发，教师根据学生的需要不断生成新的目标和新的方法。如由读教师准备的书到读学生准备的书，由读书到写书画书，由编写统一的小书到编写丰富多彩的图画书，由写日记到写童话……班级间的互动——班级间互相交流、鼓励、比赛。作家和孩子们的互动——"小手牵大手，孩子们和作家一起走"。和作家对话，在作家的引领下创作……近在咫尺的作家让孩子们不陌生，没距离，激发他们更想读更想写。

4. 拓展式

结合阅读内容开展拓展延伸活动，可以读书讲故事，演故事，画故事，续编故事，在扉页处写前言。如读《泰迪熊搬家记》，可以学画地图；读《泰迪熊的溜冰派对》，可以让学生自己筹备开派对；读《别再亲来亲去》，可以续写故事；读《鳄鱼怕怕牙医怕怕》，可以演故事；读"可爱的鼠小弟"系列，可以直接在绘本的留白处写写画画；读《嘟嘟与巴豆》，可以学习写信，介绍各地风土人情……

二、广泛选择适宜孩子阅读的优秀绘本

1. 读自己想读的

"喜欢阅读，感受阅读的乐趣。"从情趣引导来说，要让孩子积极主动地读，首先是让他们读自己"需要"的，但更多的是读他们自己"想读"的。选择绘本首先要考虑绘本内容和儿童经验的关系，儿童的经验是儿童和画面碰撞的依据，它能让儿童与画面里的角色行为产生共鸣。为此，选择绘本要有儿童喜欢的对象，最好是动物和儿童自己。此外，孩子以"自我"为主，对自己的物品会比较关注。孩子都有自己带来的书，一方面使他们产生亲切感；另一方面让他们在读书中学会与同伴交流。

2. 读教师推荐的

有许多绘本，它的结构非常特殊，如《爷爷总会有办法》，它是两个故事（爷爷家和老鼠家）平行前进等，对于这样趣味性强、寓意深刻、富有教育价值的绘本，教师更应该细细推敲、反复琢磨。总之，教师要有自觉提升文学修养的意识，学习诠释不同类型的绘本，绝不能简单地以故事教学、看图说话的方式进行教学。

3. 读同伴喜欢的

教师可引导孩子在阅读中读"同伴喜欢的"，也就是乐于和周围的同伴彼此传阅、相互交换读物。如一本书看完了，可以和好朋友交换读，让他们养成乐意向同伴借阅书籍、愿意把自己喜爱的绘本读物推荐给同伴阅读的好习惯。鼓励孩子家长捐赠优秀绘本到班级中，丰富班级图书角，每周利用家长、教师共同收集的绘本开展亲子借阅活动。这样，不仅有效利用了身边的阅读资源，还可以让

孩子在阅读中彼此交流，分享阅读成果。

三、以"绘本阅读"为载体开展综合性学习的多种课型

1. 赏读型

赏读型的课适用于语言优美，而故事性不太强的绘本。这一类绘本的阅读重在反复朗读，欣赏语言的神韵与声韵，培养良好的语感，同时，此类绘本的图画往往也较抒情、优美、细腻，美得令人心醉，所以还要引导孩子静静地欣赏画面，在视觉的感知与听觉的感受中，使心灵柔软起来、敏感起来。

赏读型的绘本阅读课一般的结构为：

大声读：以听教师大声读为主，教师在为学生朗读的过程中，要将自己对绘本内涵的感悟、对绘本文字的品味乃至对阅读的情感通过声音、神情传达给学生，给学生以强烈的情感熏陶、无声的语言滋养与畅快的阅读享受。适时选择精彩句段开展多种形式的赏读：图文对照读、想象读、表演读等。

自我赏读：让孩子自主选择绘本中特别喜欢的句段与画面自我赏读，受到文学语言的熏陶，积累文学的语言。

心动辞发：可以仿照文本中的句式表达自己的生活与想象世界，也可以表达自己对文本的感悟。

精彩教学片段举例：

山姆·麦克布雷尼的经典绘本《猜猜我有多爱你》阅读课上有这么一个环节：

片段一：经典绘本《猜猜我有多爱你》阅读课

师：静静地看看这两幅画面，哪些地方让你心动？

生1：大兔子抱着小兔子的动作让人感觉就像抱着一件宝贝。

师：小兔子就是大兔子的宝贝，你能从大兔子的动作中感受到这一点真好！

生2：小兔子已经睡着了，大兔子疼爱地端详着它，大兔子看小兔子的眼神很让我感动。

师：妈妈也经常这样疼爱地端详你，是吗？

生3：小兔子睡着时的动作让我感觉在妈妈身边很安全也很幸福。

师：是呀，你看它敞开两臂，无拘无束，无忧无虑。再来读读小兔子与大兔子表达爱的对话中自己最喜欢的句子吧。

生：有的读："我爱你远到月亮那里，再从月亮上回到这里来。"有的读："我爱你，像这条小路伸到小河那么远。"有的读："我爱你，远到跨过小河，再翻过山丘。"……

师：此刻你想用一句怎样的话来表达你对妈妈的爱？

生4：我爱你从山的这边到海的那边。

生5：我爱你像海那么深。

生6：我爱你像草地那么大。

2. 表演型

故事情节曲折、人物形象鲜明、对话丰富的绘本适合进行表演型的阅读。除了绘本中的故事外，老师当然也可以鼓励孩子在适当的时机将他们创作的故事以各种表演的方式表达出来，以充分发挥孩子的表演天分。

表演型的绘本阅读课的一般结构为：

大声读：听教师大声读，在听读中了解故事的情节、理解角色的特点、想象角色的形象，等等。

角色对话：在听教师大声读的过程中，选择故事中有特色的人物对话进行多种形式的角色扮演，如师生示范演、同桌对演，依据文本演、创造性地演等，既分散表演的难点，又逐步加深对角色的体验。

情节表演：以表演的形式展示整个故事或重点片段的情节。本学期，我带我的学生们共同阅读了"杨红樱亲子绘本故事"之一的《巧克力饼屋》，当我读到"老鼠叽叽和老鼠吱吱也想到巧克力饼屋里来，可他们才不稀罕做香香、甜甜的梦呢，他们是想来偷吃美味的巧克力饼的"这一段时，设计了如下的创造性角色对话表演：

片段二：《巧克力饼屋》设计了这样的创造性角色对话表演

教师（把一位学生拉到一旁，偷偷地）："叽叽，我想吃香香、甜甜的巧克力饼。"

学生（机灵地接着"吱吱"的话）："我也想吃，等他们睡着了，我们去偷吃好不好？"

教师（一脸担心地）："好是好，可万一被他们发现了怎么办呢？"

学生（拍着胸脯，自信地）："没问题，我们老鼠是最机灵的，晚上，你把风，我去偷。"

在这样的表演中，孩子们的创造能力与表达能力总能让老师惊喜不已。

3. 想象型

想象是绘本的特质，想象也是绘本阅读的重要方法。想象型的课是相对于赏读型的课与表演型的课而言，想象占了特别大比重的课，适用于想象奇幻的幻想类的绘本。

想象型的绘本阅读课的一般结构为：

赏读封面，猜想故事：幻想类的绘本，图画往往很能引发孩子的想象，阅读伊始，赏读封面，由封面中的图画与文字猜想故事，使整堂课弥漫想象的色彩。

读文赏图，想象体验：一边读文，一边赏图，让思绪随着图文驰骋千里，上天入地。在想象空间大的地方可以先让孩子想象再读故事，情绪色彩浓的图画可以让学生由图画想象人物的心理，并回味细节。

再现情节：绘本的图画讲究细节，而且往往是前有铺垫后有呼应地暗示读者故事的生发点。所以在读文赏图的过程中或者在读完整个故事之后，有必要引导孩子前后对照地品味细节，以产生心灵的顿悟。

满足想象：绘本的故事与图画会自然引发孩子天然的幻想，令他们浮想联翩。安排一定的时间让孩子充分交流，以满足孩子爱幻想的心理。

片段三：绘本《贝尼都会干什么》教学设计

1. 赏读封面

（1）出示绘本封面：

封面上这个男孩叫什么？除了这位可爱男孩贝尼之外，你还看到了什么呀？

（画面上有：正滴着水的水管子；贝尼头上戴着插着羽毛的奇特帽子；脖子上挂着一架望远镜；手上拿着的手电筒和潜水镜；虎斑猫；沙发；贝尼还穿着一双散了鞋带的鞋子……学生看了以后一脸的迷惑与好奇。）

（2）这真是一幅奇异的画，小朋友一定迫不及待地想去看个究竟了吧？那就一起出发吧！让我们轻轻地打开第一页：咦？你看到了什么呀？（一条长长的鞋带）再来看看书的最后一页，你又看到了什么？（也有一条长长的鞋带）

（3）看来这两条鞋带很重要哦！猜猜：这鞋带和贝尼有什么关系吗？（生自由猜）

2. 读文赏图，想象体验

这条神秘的鞋带就带着我们拉开了故事的帷幕——

3. 细节回放，情景再现

（1）故事讲到这儿，你的心中有什么疑问吗？要不咱们回过头来再去看看，仔仔细细地观察一番，看看能发现什么可疑的地方。

（2）图画回放，边观察边讨论。

（学生逐渐醒悟：故事讲的是贝尼和他的小伙伴一起玩的一个幻想游戏。）

（3）再次出示绘本封面。

（学生进一步领悟到封面中出现过的东西都是贝尼游戏时所需要的道具，原来贝尼从一开始就给了我们一些暗示呀！）

4. 联系生活，追忆过去

（1）看着贝尼和他的小伙伴玩得那么开心，我不由得想起了我小时候经常玩的一些游戏，想听听吗？

（师回忆童年时的快乐游戏：披着毛毯扮大侠在床上演斩妖除魔的独角戏；伸直双臂俯身飞奔，像超人一样低空滑行；冒着"枪林弹雨"在椅子、凳子、桌子构筑的"战壕"中冲锋陷阵；骑着椅子大喊"驾驾驾"……）

（2）你的眼前一下子蹦出好多小时候玩过的有趣的游戏了吧？那行，赶快找到你的好朋友，尽情地聊聊吧，要是聊得兴奋了，还可以演一演。

（3）亲爱的小朋友们，我们真得好好感谢贝尼，是贝尼让我们重温了过去那美好的时光，相信那么美好的时刻定会在我们每个小朋友心中永远珍藏。

4. 创作型

创作型的绘本阅读课兴趣激发是基点，由仿到创是原则，伙伴合作是手段。

创作型的绘本阅读课的一般结构为：

构想内容：充分发挥孩子的想象力与灵性，并注重孩子之间的相互交流与启示，尽可能使内容丰富多彩，有个性。

设计雏本：根据孩子的特点设计各种好看的形状，培养孩子审美的情趣，可以从单张的、几张的再到整本的，从老师帮助设计到学生合作设计或独自设计。

创作文字：在设计好的空白绘本合适的地方写上文字。

创作图画：为文字配上合适的图画，可以剪贴，可以自画。

交流分享：伙伴之间互相欣赏画面与文字，可以将学生的作品张贴（展示）在教室的四周，也可以让学生将一些不错的作品带回家，与家长分享，激发学生以优势智能创作作品。

孩子在与那些优秀绘本进行心灵对话的过程中，在闪烁着人性光辉、充满大自然和谐和童真童趣的字里行间与优美的图片徜徉时，必定能开阔眼界、丰富内心、升华境界、健全人格。让精美的绘本开启孩子的阅读之梦吧！让良好的习惯陪伴孩子开启阅读的大门，从而"悦"读一生！

畅游绘本，让孩子"读"享快乐；快乐阅读，让我们的语文教育走上回归之路，回到母语，回到儿童，回到生命，启蒙人生。

（本文荣获茂名市直属学校小学语文学科优秀教学论文评选一等奖）

进行有声阅读，丰富孩子直观情感

　　有声读物指的是包含51%以上文字资料的录音产品，它一般复制并包装成录音带、光盘或以纯数字形式在网络传播。随着1934年美国诞生了世界第一部有声读物以来，有声读物便深入人心，不断冲击传统纸质传媒。尤其在互联网流行的今天，有声读物具有越来越显著的社会和经济价值。小学语文教师在指导学生进行扩展阅读的时候也要与时俱进，积极组织学生展开以互联网为背景的阅读活动，让学生畅游在有声读物的海洋中，这样才能更适应时代的发展，也能更好地吸引学生的兴趣，提高课外阅读效率。

一、挖掘多元资源，录制视频

　　为了激发学生的阅读兴趣，教师可以组织学生尝试探究微视频制作技术的神秘性，利用父母、老师、社会人员和网络，挖掘多种资源，制作更适合学生身心特点、更高水准的有声读物。教师可以联系学生和家长，对他们进行有声读物录制的技术指导，指点他们如何诵读、如何选择视频素材、如何具体制作等。

　　例如，可以将《小儿垂钓》这首古诗作为制作有声读物的素材，首先要让学生理解这首诗的内容、写作背景等。教师可以让学生和家长协同搜索资料，利用互联网寻找该诗歌的写作背景、重点难点等，力求很好地理解这首诗歌的意境。其次要指导学生和家长制作精美的PPT，将和《小儿垂钓》有关的内容制作成画面。如介绍作者胡令能的身份信息；解释"莓、苔"等生词的意思，并配上相应的图片；根据诗意选择小孩垂钓的情景，展现小孩认真和充满童趣的状态；等等。在制作完PPT之后则要指导学生和家长将所制作的素材转变成有声读物。在语音导入阶段，学生要尝试将自己要表达的内容记录下来，并诵读出来。如"大家好，今天为大家介绍《小儿垂钓》，这首诗的作者是唐朝胡令能。这首诗寥寥数笔就展现了童趣盎然的场景。"在诵读诗歌的时候，教师也要进行相应指导，要把握住全诗的情感基调，表现出儿童欢乐的心情，体现童稚感。最后则要指导学生将录音和PPT组合起来，让听觉和视觉相互融合。

在制作有声读物视频的时候，要注意除了指导学生和家长技术以外，还要让学生理解诗歌的内容和重点，这样在诵读的时候他们才能更好地融入情感，制作出的有声读物质量也会更高。

二、组织评选活动，指导评价

由于微视频一般是学生在家中完成的，教师无法监督制作的全过程，所以为了保证学生和家长制作的有声读物有更高的质量，教师要制定评价标准，对他们制作的有声读物微视频进行客观评价。

以《刻舟求剑》为例，教师可以让学生和家长参与到评价标准的制定之中，找出其中出现的问题，并加以总结。例如，在拍摄《刻舟求剑》诵读画面的时候灯光不够明亮，导致画面不清晰；学生在诵读《刻舟求剑》的时候语气不够肯定，不能表现人物拘泥成法、固执不懂变通的个性特点；PPT制作技术不过关，没有让船在江面上漂动起来；诵读的寓言内容和配上的画面没有同步；等等。在发现这些问题之后，则可以让学生和家长一起参与制作"有声读物微视频制作评价表"，根据所发现的问题分门别类，设置标准，规定得分标准和理由，并将相关内容综合起来制作成表格。如评价项目包括：音质、视频、朗读者表现、其他等。然后对每一项评价内容进行文字描述，细化评价标准。如对于"视频"这项评价内容，设置标准为：在诵读《刻舟求剑》等文章时，读到"不用着急，宝剑是从这儿掉下去的，等船靠了岸，我就从这儿跳下去，准能把宝剑捞上来"的时候，要在图片中展现相应的物体画面，同时选择的图片要正好和文章中出现的相一致，"能捞到宝剑吗？"出示宝剑掉下的地方图片、船移动的图片和刻在船舷上有记号的地方的图片。

教师可以组织学生和家长一起参与评价，根据自己制定的评价表对每一个成品进行评价，并提出相应的修改建议。这样的合理评价能促使学生和家长在下一步制作有声读物的时候有参考标准。如果有机会的话还可以让社会公众也参与到评价中，让评价更公正合理。

三、建构竞赛体系，引导参与

为了检验制作有声读物的活动能否对学生的课外阅读起到促进作用，教师可以组织学生积极参与竞赛活动，通过完善而多样化的竞赛活动进一步激发学生的参与兴趣。

教师首先可以举行小规模的竞赛活动，以班级为单位，组织学生及其家长参与到视频的制作之中，并组织他们参与竞赛活动。在比赛的过程中，学生逐一展示自己的有声读物作品，如有的学生展现的是诗歌作品《夜书所见》，有的学生讲述了语言故事《坐井观天》，还有的学生讲述了古代小故事《曹冲称象》，大家都根据自己的兴趣爱好制作了相应的有声读物。随后组织全体学生和家长一起进行评选，选出最优秀的作品，并进行适当奖励。如获得一等奖的是《曹冲称象》，则让获奖的学生和家长讲述自己制作视频的过程，这既能让他们回味制作有声读物的乐趣，又能给其他人一些启发。互联网技术越来越成熟，这样的竞赛活动可以依托互联网进行，教师可以建立班级QQ群或微信群，将《曹冲称象》的视频上传到微信群中，还可以建立相关的网站，将《曹冲称象》上传到网上，并附上评价语言，如"该微视频淋漓尽致地展现了曹冲称象的场景，学生的诵读展现了曹冲聪明伶俐的一面，选手手绘的图片展现出童趣，将大象赶到船上，在船上画线条；将大象赶上岸，将石头放上船等各种步骤都清晰展现，让欣赏者有更直观的感受"。

在组织竞赛活动的时候，可以将学生、父母、教师、社会人员都囊括在内，让竞赛更加激烈。

四、丰富渠道，广泛参与

在班级学生及其家长普遍参与到有声读物制作中之后，可以进一步丰富渠道，让更多人参与到活动中。

首先，可以开辟校园渠道，教师可以举行寓言故事展演活动，让学生上传《坐井观天》等成语故事，并进行评选。建立微信朋友圈，分享制作有声读物的经验，欣赏优秀作品。如制作《坐井观天》的学生在微信群中留言："在制作青蛙在井中的场景时，怎么都选不到合适的图片，于是我便自己用软件绘制了一张图，通过透视的方法展现了青蛙在水中的场景。"其次，教师还可以全面开通社会渠道，将《坐井观天》上传到网络，并@各种媒体的官方微博，让更多人看到学生制作的作品，并积极关注各种社会新闻，了解和有声读物制作有关的活动，鼓励学生积极参与其中。例如，可以让学生参与央视《朗读者》节目的相关环节，在"朗读亭"中现场诵读《坐井观天》，该学生运用学到的诵读技巧，变换嗓音，清晰地展现"青蛙、小鸟"这些故事形象的区别，如在诵读"青蛙的话'你从哪儿来呀'时，表现出青蛙的憨厚；在诵读'天无边无际，大得很哪'时，用夸大的语气，表现出小鸟的智慧"。

依托互联网，全方位开通渠道，让更多人参与到有声读物的制作之中，让有声读物制作变成一个现象级产物，这也能激发学生的参与热情。

在互联网诞生之后，有声读物的出现使得学生课外阅读的形式更加多样化，学生从原本的阅读时只能看到简单的文字资料变成文字、声音、图像相结合的阅读。阅读的形式更为多样化，这能更好地激发学生的阅读兴趣。让学生参与到有声读物的制作、评价、竞赛、传播活动中，能有效提高阅读效率。

强化课外阅读，拓展孩子成长视野

21世纪是一个知识经济的时代，也是人才竞争激烈的时代，对人才的知识、技能提出了更高的要求。人才源自知识，而知识的获得跟广泛的阅读积累是密不可分的。课程标准关于阅读方面的规定，一是规定课外阅读量，第一学段（1~2年级）是"不少于5万字"，第二学段（3~4年级）是"不少于40万字"，第三学段（5~6年级）是"不少于100万字"，也就是说，整个小学阶段，课外阅读总量应不少于145万字。二是提倡扩大阅读面，要求"养成读书看报的习惯，收藏并与同学交流图书资料"；"广泛阅读各种类型的读物"；"扩展自己的阅读面，拓展自己的视野"；等等。因此，语文教师在教学中必须加强对小学生课外阅读的指导，激发其阅读兴趣，引导其养成良好的课外阅读习惯，使课外阅读成为学生内在的需求，成为他们生活中的一种人生体验，成为他们一种新的自觉的生活方式。下面就这一话题谈谈自己的一些看法和做法。

一、低年级过识字关，引导学生尽早读书

由于识字量少，低年级学生普遍存在想读又不能读的现象，因此，语文教学要引导学生尽早阅读，就必须让学生尽快识字。有人

说，不是可以借助拼音吗？对，但看拼音读物显然要耗费更多的时间和精力，加之目前很多家庭能提供的拼音读物太少或根本没有，而纯汉字的读物则随处可见，随手可得，也就随时可读。

这实际上体现了汉语言学习的规律，汉语不是拼音文字，有关研究表明，无论是阅读还是写作，都需要识2000个字作为基本条件。识字不多就无法自己读书。有人会问，学生有没有尽快识字的可能？回答是肯定的。从低学段儿童的大脑发育来看，已接近成人的水平，容易形成较稳固的条件反射。再从教学实践来看，学生也是有这种潜力的。新课标也指出，小学低年级要完成"认识常用汉字1800个左右"的任务。特别要指出的是，在以大量识字为重点的低年级语文教学中，也要引导学生尽快接触有益的书籍。比如在集中识一部分字后，学完了一个单元的课文后，教师可多向学生推荐朗朗上口的儿童诗、歌谣和童话等读物。这样，既巩固了生字，又进行了阅读，促使学生言语能力的发展。

二、要树立以学生为中心的语文课外阅读观

所谓以学生为中心的语文课外阅读观，就是在指导学生进行语文课外阅读的过程中，充分考虑学生的阅读兴趣，尊重学生的个性需求和认知水平，强调学生在阅读中的主体作用。

在以往的教学中，我们也注意指导学生的课外阅读，但是，在指导过程中，往往是以教师的喜好为主。老师认为某一本书或某一篇文章值得阅读，便布置学生去阅读，而且采用统一的方式（如读书笔记、写读后感等）进行检查，并未考虑学生的需求和兴趣，因而在一定程度上挫伤了学生课外阅读的积极性。因此，随着语文课程改革的推进，越来越迫切地要求教师建立起以学生为中心的语文

课外阅读观。具体做法如下。

（一）尊重学生的个性，激发学生的阅读兴趣

浓厚的阅读兴趣，有利于学生开阔视野，提高阅读能力，促进写作水平的提升。要激发小学生的课外阅读兴趣，我们可以采用以下方法。

1. 巧用故事悬念诱发阅读兴趣

这一方法适用于低年段的学生。一、二年级的小学生，一听到老师要讲故事，个个精神抖擞，迫不及待地想一听为快。随着老师的讲述，孩子们被带入或有趣，或惊险，或令人感动的世界里，当孩子们正期待精彩的结局之际，老师戛然收声并告知学生：故事情节错综复杂，后面的可更精彩呢，欲知后事，请自己阅读原文。学生们往往会被激起浓厚的阅读兴趣，纷纷要求借阅相关的书籍，有的甚至马上购买书籍来阅读。

2. 教师自谈读书的感受激发阅读兴趣

我经常讲述自己阅读读物后的收获和体会，用"现身说法"激起学生情感上的共鸣，使之产生强烈的阅读欲望。同时，有计划有目的地收集一些关于读书的名言，进行评说、欣赏；讲述名人读书成才的故事，进行对比、教育，从而激起学生对读书人的崇拜，对书的渴望，形成与书本交朋友的强烈意愿，这样，学生就会在课余时间主动地进行广泛的阅读。

3. 介绍读物的梗概激发阅读欲望

教师要经常有目的、有计划地向学生介绍一些语文书中的人物、相关名著的内容、梗概或精彩片段，激发学生"欲知详情，请看原文"的欲望。如教学《卖火柴的小女孩》后，可介绍学生阅读《安徒生童话选》；结合《赤壁之战》《草船借箭》的教学，教师可出示《三国演义》并介绍书中部分精彩内容的梗概。这样，学生就会被兴趣推动，纷纷要求阅读有关书籍，在读中去感受名著的魅力和祖国灿烂的文化艺术。

实践证明，只有培养了学生课外阅读的兴趣，学生才会变"要我读"为"我要读"。

（二）根据不同学段学生的身心特点，为学生推荐或提供其所喜好的读物

第一学段的孩子，大多是6~8岁。在这一时期，尽管孩子们对故事的内容，只能以自己的观点去理解，不能十分正确地把握和分析故事所蕴含的真正意义，但是，这个阶段却是他们想象力发展的顶峰时期，他们对模拟社会生活的动物世界的故事书、童话、寓言、卡通等图文并茂、趣味性强的书籍感兴趣，教师便应及时为他们推荐和提供这类读物，以满足其阅读的欲望。

第二学段的孩子已经认识和掌握了大部分常用汉字，已能读懂童话故事，注意力也比第一学段更持久，可以独自阅读较长一段时间，因此，这一阶段教师可多向学生推荐节奏感强而又富有变化的读物。

第三学段的儿童对世界的认识更加广泛，他们开始对自己的发育、长相等感到好奇，开始有自己崇拜的偶像，并想象自己未来的职业。因此，教师应引导学生多看电视新闻、多读报，多推荐科学读物和富有哲理的历史故事、人物传记等，并阅读经典著作，如《三国演义》《水浒传》等。

（三）应根据不同学段孩子的身心特点，开展适合孩子的丰富多彩的阅读活动

第一学段的孩子识字量少，注意力集中不长久，自主阅读能力较差，教师可采用为学生读故事，再让学生复述的方式，激发学生阅读的兴趣。同时要强调的是，学生也要尽早阅读，这样，在阅读中增加识字量，随着识字量的增加，也必将使学生保持强烈的阅读愿望。第二学段的学生随着识字量的增加，阅读能力有了提高。他们喜欢一个人静静地阅读，然后与别人交流、讨论。在这一阶段，应以学生的个体阅读为主，鼓励学生写读书笔记，并组织各种读书比赛或故事演讲等活动，保持学生旺盛的课外阅读兴趣。第三学段的孩子开始以自己的观点去看待社会和人生，开始注重自我价值的体现。这一时期，可以组织读书比赛、演讲比赛及作文比赛等，给学生展示自己课外阅读成效的机会。

三、语文教师要教给学生几种常用的阅读方法

小学生光有课外阅读的兴趣，只凭兴趣毫无目的地去课外读物中"潇洒走一回"，其收效不得而知。因此，我们要进一步引导他们不仅爱读，而且会读，要读得更好，更有成效。阅读的方法有很多种，我这里要谈的是几种我们常用而又十分有效的阅读方法。

1. 选读法

这种方法的运用一般根据学生在课内学习或习作上的某种需要，有选择地阅读书报的有关篇章，以便学以致用。如学习了课文《只有一个地球》，学生为了更全面、更深刻地了解人类与地球、自然的密切关系，有目的地阅读《人与自然》一书。

2. 精读法

所谓精读法，就是对某些重点文章，集中精力，逐字逐句由表及里精思熟读的阅读方法。它是培养学生阅读能力最主要、最基本的手段。有的文章语言隽永，引经据典，情节生动。教师可以以这

些作品为依据，指导学生精读，要求学生全身心投入，调动各种感官，做到口到、眼到、手到，边读边想，边批注，逐渐养成认真读书的习惯。

3. 速读法

这种方法就是对所读的材料，不发音，不转移视线，而是快速地观其概貌。这就要求学生在快速浏览中，集中注意力，做出快速的信息处理和消化。采用速读法，可以做到用最少的时间获取尽可能多的信息。当今社会，人们的生活节奏越来越快，教会学生根据自己的阅读需要，采用速读法应该是一种明智的选择。

4. 摘录批注法

这种方法就是在阅读过程中根据自己的需要，将有关的词、句、段乃至全篇摘抄下来，或对重点、难点部分画记号、做注释、写感受等。俗话说"不动笔墨不读书"，将精彩的语句、段落摘录下来，为以后的写作进行语言积累。同时，在阅读的过程中，还应学着用自己的阅历和知识去审视、对比、评判书中的内容，并及时记下自己读书的感受和疑点。总之，读书要做到"手脑并用"，才更有实效。

阅读的书籍不同，采用的阅读方法也不一样；阅读的目的不同，阅读的方法也不同。我们应该教会学生根据不同的阅读习惯、阅读目的，选择合适的阅读方法。

我想，作为一名语文教师，只要能激发起学生的阅读兴趣，并使学生学会运用一些阅读方法，长此以往，使其养成良好的阅读习惯，必将使学生的课外阅读取得更好的成效，从而开阔孩子成长的视野。

（本文荣获茂名市小学语文学科优秀教学论文评选一等奖）

多种形式指导，培养孩子阅读兴趣

　　《义务教育语文课程标准（2022年版）》指出低年级学生阅读目标："喜欢阅读，感受阅读的乐趣。学习默读。""阅读浅近的童话、寓言、故事，向往美好的情境，关心自然和生命。""课外阅读总量不少于5万字。"小学低年级的孩子处在形象思维阶段，喜欢借助声音、线条、色彩来了解世界，并且注意力集中时间比较短。基于低年级孩子的思维特征，要有效地提高低年级学生的课外阅读水平，我认为最主要的还是要从兴趣入手。

　　兴趣是学习最好的老师，俄国教育家乌申斯基指出："没有任何兴趣的学习，那就是被迫进行的学习，它会扼杀学生掌握知识的意愿。"只有有了兴趣，才能让学生从内心深处对课外阅读产生主动需要。在培养低年级孩子的课外阅读兴趣时，我从以下几方面进行尝试。

一、创设良好氛围，激发阅读兴趣

　　"近朱者赤，近墨者黑"，低年级孩子有从众及爱模仿的心理，创设良好的阅读氛围，是激发孩子阅读兴趣的最有效途径。

　　首先是坚持给孩子讲故事、读绘本。一年级刚入学的孩子识字量少，要自主读完整本书是比较困难的，但都是很喜欢听故事的。我抓住他们爱听故事的特点，只要有时间，就给孩子们讲故事、读绘本。孩子们一听老师要讲故事，个个都打起精神，竖起耳朵，两眼盯着老师，听得津津有味。特别是在给孩子们读绘本时，我充分利用多媒体教学平台，播放相关图片、视频、动画等，做到图文并茂、绘声绘色。就这样，一年级第一个学期，利用课前几分钟、班会课、早读课、活动课等，我和孩子整整分享了近百本绘本故事，如《我爸爸》《我妈妈》《爷爷一定有办法》《猜猜我有多爱你》《太阳街和月亮街》《逃家小兔》《蚯蚓的日记》等，都是我班孩子百听不厌的绘本故事。在我的坚持下，一批爱听故事的小书迷就培养出来了。

其次是建立班级图书角。随着识字量的增加，孩子们迫不及待地开始自主阅读。为了给孩子提供充足的阅读书籍，在家长的支持下，我开始创建班级图书角。刚开始的时候，我要求每位孩子带两本最喜欢的书放在图书角，以绘本、童话故事为主，供大家借阅。很快，一百来本书已远远满足不了孩子的"胃口"。为此，我再次征求家长意见，通过家校联动渠道，家委会向班级捐赠了四百多本图书，同时，我定期在学校藏书室批量借阅图书，供孩子们阅读。为了加快图书的流通，我建立了图书共享平台，孩子们可以通过"等价交换"的方式，将家里看过的图书与班级图书角的图书进行"置换"。我将图书共享置换的方式向学校推广，其他班级纷纷加入"图书置换"行动中来。就这样，我们班的图书来源有了充分的保障，最大限度地满足了孩子们的阅读需求。现在，我们班的孩子每到阅读的时间，就会兴高采烈地从书架上取出自己喜爱的读物，回到座位上专注地阅读，个个脸上都洋溢着灿烂的笑容，充分享受阅读的快乐。就这样慢慢地引导，班上的孩子都渐渐爱上了阅读。

二、加强读法指导，保持阅读兴趣

儿童心理学表明，低年级孩子注意的品质相对较差，具体表现为注意的对象不明确、注意的时间较短等，因此，把学生已经被激发的兴趣要长久保持并转化为良好的阅读习惯，必须加强对学生阅读方法的指导。授人以鱼，不如授人以渔。对低年级孩子的阅读进行有效指导，帮助孩子掌握正确读书方法是非常有必要的。为此，在孩子开始尝试进行自主阅读一段时间后，我就提出"五步读书法"：一是看一看，看图书的封面、书名、作者、插图等，了解图书的基本内容；二是读一读，或粗读，或细读，或品读，或默读，或浏览读，根据自己的兴趣爱好反复读，不但要读好文字，还要读好图画，图画能帮助低年级孩子理解文本的内容，使较难理解的文字描述显得形象具体；三是画一画，通过勾画圈点，将喜欢的好词好句画出来、将精彩的地方圈出来、将不理解的地方标注好等，做到不动笔墨不读书，这样可以帮助孩子提高理解能力；四是抄一抄，阅读就是一个不断积累的过程，通过将感兴趣的好词佳句摘抄下来，逐渐形成积累的习惯；五是讲一讲，将读过的故事复述给同学们听，或者是用自己的话讲讲故事的主要内容，加深对内容的理解和记忆，促进孩子们之间的读书交流，同时也使孩子们的口头表达能力和心理素质得到提升。

当然，低年级的孩子，阅读能力和水平有限，我们不能要求太高，引导他们学习初步的读书方法，能自主读完一本简单的绘本即可，当他们发现自己能完整地读完一本书时，就会感受到阅读带给他们的快乐，从而喜欢上阅读。

三、巧用阅读卡，提升阅读兴趣

随着课外阅读活动的开展，孩子们和书本交上了朋友，有的同学得到了一本喜欢的书往往就爱不释手，吃饭看，睡觉看，有的同学一回到教室就来到图书角借书看，有的同学甚至课间也要到图书角看一会儿书。但是，有很多同学只是追求故事情节、精美图画，对于文本中的精彩描写，往往一带而过，只是走马观花，阅读后无所得。怎样引导孩子进行有效阅读呢？我开始尝试引导孩子们用笔记本做读书笔记，将读过的书的书名、作者、好词好句、感受等写下来，但大部分的孩子都是应付了事，能坚持下来的更是寥寥无几，孩子们都说读书要做笔记太无趣了。

怎么才能激发孩子做读书笔记的兴趣呢？我灵机一动，想到了"阅读记录卡"。我不再要求学生记录在笔记本上，而是让他们记录在我设计的"小书虫悦读卡"上。我也不要求每天都记录，而是让他们在自己一星期内阅读过的书中挑最感兴趣的一篇文章或一本书来做记录，再在"我要把精彩的部分画出来"栏上绘上图画，就成了一张精美的卡片，像一份"小作品"。"小书虫悦读卡"成了孩子们读书的一道亮丽风景线。一句句经典语句的摘录，一段段略显稚嫩的读书感受，一幅幅充满创意的图画，无一不令人眼前一亮。"小书虫悦读卡"的使用，提升了孩子们的阅读兴趣，他们开始暗暗比拼，谁阅读得多，谁更会阅读，谁的卡片制作得更精美，我定期在教室展示栏展出学生的优秀"小书虫悦读卡"，他们都喜欢得不得了。我们班庄子娴同学在二年级第一学期读了80多本绘本，制作了50多张精美的"小书虫悦读卡"，期末时还办了一场个人"小书虫悦读卡"展览，展览上她绘声绘色地向同学们推荐最喜欢的书，成了全班同学的偶像。

"小书虫悦读卡"的使用，加强了低年级孩子阅读的目的性，初步培养了孩子收集资料与处理信息的能力，培养了学生独立阅读能力和良好的阅读习惯，为今后的阅读与作文打下坚实的基础。后来，学校还将我们班的"小书虫悦读卡"经过改善后，向全校师生推广使用，受到全体师生及广大家长的一致认可。

四、推广亲子阅读，稳定阅读兴趣

吉姆·崔利斯《朗读手册》上有这样一段话："你或许拥有无限的财富，一箱箱珠宝与一柜柜的黄金。但你永远不会比我富有，我有一位读书给我听的妈妈。"亲子阅读为父母创造与孩子沟通互动的机会，分享读书的感动和乐趣，给孩子的心带去更多的关爱慰藉：欢喜、智慧、希望、勇气、热情和信心。亲子阅读在学生课外阅读当中起着重要的作用，是让孩子爱上阅读的最好方式之一。当爸爸妈妈和孩子共读一本书时，很容易会让孩子觉得读书是一件非常快乐的事情，进而更愿意自发地去进行阅读。为此，我不遗余力地推广亲子阅读，希望通过家长的配合，从校内到校外使学生的阅读得到支持，孩子时时处处置身于浓郁的书香文化氛围中，让孩子们的阅读兴趣持续稳定发展。

一是我建议家长为孩子设置一个安静、舒适的读书区，有条件的可设置一间书房。低年级孩子做事情容易受外界环境的影响，营造良好的家庭阅读环境有利于对孩子产生积极的心理暗示，并要求家长在孩子读书时，不要开电视，也不要在孩子面前玩电脑、手机，以免分散孩子的注意力。

二是推荐家长选择合适的阅读材料。根据低年级孩子的心理特点、年龄特点和兴趣爱好等，我向家长推荐趣味性强、形象具体、图文结合的读物，以绘本类图书和带注音、有插图的童话故事类图书为主。为方便家长选择，我还列出一份推荐书目，印发给家长参考。

三是指导家长开展有效的亲子阅读活动。我指导家长在给孩子读书之前，先要用心读一读，感受图文带来的乐趣，这样才可能把阅读的乐趣传递给孩子。坚持每天安排固定的时间和孩子一起阅读，持之以恒，并形成习惯。要和孩子一起声情并茂地朗读，刚开始阅读时，没必要非按次序一页一页地读，甚至没必要读完整本书，父母要做的是帮助孩子发现读书的乐趣。

四是让家长参与和见证孩子阅读成长的过程。在家长会上，我与家长们一起探讨、交流亲子阅读方面的心得与体会，并邀请在亲子阅读方面特别积极的家长做经验交流；在班级读书交流会上，邀请家长参加好书推荐活动，还让家长和孩子们一起分享绘本故事；在主题读书活动中，设计亲子表演活动，让家长和孩子乐在其中。本学期的元旦读书活动中，董梓瑶小朋友一家表演了《小兔乖乖》，让我们看到了一只可爱、聪明、机智的小兔；在学生诗歌诵读比赛中，邀请家长担任评委，并增加亲子诵读表演环节；在"阅读之星"颁奖仪式上，邀请家长为孩子颁发奖状及奖品，共同感受成长的喜悦。家长通过参加阅读活动，见证了孩子的成长，能有力地推动家长进一步关注孩子的阅读，更好地为孩子创设良好的家庭阅读环境，与孩子一起共读共享。

五、展示阅读成果，强化阅读兴趣

阅读的收获就是积累，一段时间以后，当学生们有了一定的阅读积累，我就开始定期为学生创设展示阅读成果的平台，以强化学生的阅读兴趣。一是展示类活动。如每天上课前，坚持利用三分钟让学生轮流展示前一天的读书成果，方式有朗诵或背诵精彩的片段、讲故事、谈读后感受等；每周的阅读课安排展示前一周的读书成果，方式有张贴展示"小书虫悦读卡"读书手抄报，进行好书推介活动等。二是竞赛类活动。每月开展一次主题读书活动，根据低年级学生年龄特点，主要是开展诗歌诵读比赛和讲故事比赛活动，并邀请家长参加表演及担当评委，让家长也能及时感受孩子的成长。三是评优评先类活动。每月进行"阅读之星"评比，每学期进行"书香家庭""阅读点灯人（家长）"评比，及时总结表彰和奖励，以强化学生课外阅读的兴趣。形式多样的读书展示活动，能有效地检查阅读情况，让孩子享受阅读的乐趣，并保持旺盛持久的读书热情。学生书读得越多，就越会读书，越喜欢读书，形成一种良性循环，最终养成良好的课外阅读习惯。

兴趣是儿童对活动产生主动性、创造性的先决条件。只有充分调动学生的阅读兴趣，让学生掌握正确的阅读方法，才能使他们爱上课外阅读。孩子们在阅读活动中体验收获的欢乐和情趣的同时，语文素养也得到不断提升，也为孩子的终身发展奠定了坚实的基础。

因材施教原则，培养阅读理解能力

　　阅读理解能力是在阅读文字过程中，对各类信息的认知和处理能力，是人类在社会中生活与工作的重要基础能力之一。对于学生来说，阅读理解是学好各门功课的基础。因为任何一门课程的学习都牵涉到对文本的阅读理解过程。对于我们语文科来说，阅读理解又是重中之重。阅读理解在各个学段的语文考试中都占非常大的比重。它是学生得分的重要部分，也是学生丢分的重点部分。语文阅读理解题，是一种综合性的题型，它能有效地检测学生的阅读理解能力和语文素质。它要求学生要有相应的语文基础知识，要求学生要有一定的分析理解能力，还要求学生要有较强的表达能力。

　　培养学生的阅读能力，不但是我们语文课的需要，也是培养学生全面发展的需要。但是，目前部分小学生对于阅读理解还存在着畏惧心理，从潜意识中害怕语文阅读理解。那么如何破解小学生的这种畏惧心理，提高他们的语文阅读理解能力呢？笔者从教学实践出发，探讨阅读理解困难的成因与对策，为更好地培养小学生语文阅读理解能力提供参考。

一、小学生语文阅读理解困难的成因

很多学生一看到语文阅读理解题就烦躁，一想到语文阅读理解就头疼，甚至部分学困生会放弃阅读理解题。造成这样的原因主要有两个方面。

1. 教师采用传统方式进行小学语文阅读理解教学

在小学语文阅读理解教学中，不少教师仍然采用传统的教学方式，即学生自己阅读文字—自己分析内容—回答相应的问题。其教学过程是非常简单而枯燥的，学生遇到学习困难得不到相应的帮助。这样的教学自然不能调动学生的学习兴趣，更不能达到阅读理解的学习目标。而在这整个阅读理解过程中，教师的引导作用也没有充分体现出来。因此，教师教得苦，学生学得累，教学效率不高。

新课标要求语文教师在阅读理解教学中，教学要有互动性和对话性。因为在阅读理解教学中，应用具有互动性和对话性的教学方式，能够促使学生学会独立思考的同时，增强合作意识及社会互动性，既体现了学生作为学习活动的主体作用，又体现了教师作为学习活动的主导作用。

2. 未在小学语文阅读理解教学中实施因材施教原则

阅读理解是一项十分复杂的思维活动过程，包含很多的心理活动，如记忆、意志、感知、思维、情感、想象、兴趣等，学生通过这些心理活动，能够用心灵与原文作者进行对话，并有效吸收其中的知识营养，再进行思维加工后表达出来。但是因为学生的个人阅历、心理素质以及认知水平存在着千差万别，所以即使他们阅读同一个文本，他们的感受也会有所不同，这就导致了阅读理解的结果不同。

由于在阅读理解活动中，学生个体差异及语文教育水平不同，教师在组织阅读理解教学活动的时候，就要针对学生的差异性进行个别处理和区别对待，因材施教，即是所谓的个性化阅读。因为阅读是学生的一种个性化脑力行为，不能被教师特定的教学方法束缚，更不能用教师的分析代替学生的思考。很多语文教师都不重视在阅读理解教学中因材施教，轻视学生进行自主阅读的重要性，所以不能因材施教设计出具有针对性的阅读方法，使得整个小学语文阅读理解教学进行得空洞而乏味，非常难以引起学生的兴趣，从而造成部分学生对阅读理解的畏惧心理。

二、运用因材施教方式进行小学语文阅读理解教学

1. 按照学生阅读理解能力把全班学生分组

语文课中的教学分组，一般都是机械地按照座位就近原则来分组，比如座位的前后四位同学组成四人小组，或者按照好、中、差三个层次混合为一个小组，或者按照志趣相投来自由分组。这三种分组方式，都不能体现因材施教原则，会造成小组内阅读理解力差的同学，看着阅读理解能力强的同学在演独角戏。阅读理解能力高的同学得不到提高，阅读理解能力低的同学得不到进步。

我在小学语文阅读理解教学中，用科学的方法，按照学生阅读理解能力的程度不同，把全班学生分成四个大组。具体操作就是，利用两三个不同题材的文章片段，对学生进行检测，教师给予每位同学相应的评分。

评价项目	评价内容	评价分数
语言文字掌握水平	检测学生能否顺利地掌握文章中的文字意思。主要利用选择题来检测学生的文字掌握情况	
阅读材料理解水平	检测学生能否充分理解文章所表达的意思。主要是利用选择题与判断题来考查学生的理解水平	
表达能力	检测学生能否把在阅读理解中所领悟到的意思用自己的语言表达出来。主要是利用填空题与问答题考查学生的阅读理解表达能力	

把所有的学生排序，按照得分来进行分组：

A组，语言文字掌握水平低的同学。

B组，语言文字掌握水平高，但理解能力差的同学。

C组，语言文字掌握水平高、理解能力也好，但表达能力差的同学。

D组，语言文字掌握水平、理解能力、表达能力都比较优秀的同学。

在A、B、C、D大组内，再按照人数的多少，分为多个小组，每组3~4人为宜。按照上面的分组，因材施教就有个良好的开端。

2. 提高语言文字掌握水平，并按兴趣进行阅读理解

对于A组中语言文字掌握水平差的同学，应该重在补充学习语文基础知识内容，特别是在文字的认识方面。利用一切方式，加大他们的识字率，布置一定的识字要求，重在学习过去各个学段应该掌握而未掌握的文字。要求小组内定期互相检查识字量，还可以举行大组识字竞赛，从而逐步提高他们的语言文字掌握水平。

另外，降低对A组同学的阅读要求。教师可以挑选一些简单易懂的阅读材料，让A组同学按自己的兴趣进行选择性阅读理解。这些阅读的内容比较浅显直白，轻松的阅读过程可以让学生有满足感，而且让他们基本上不求甚解，只是单纯视觉或者心理的愉悦，造就一种愉快阅读的气氛，让学生爱上阅读。当学生爱上阅读后，遇到以前学过的那些"陌生"文字，就会主动去补充学习。

就这样教师作为引导者，引导学生主动去阅读、去学习，帮助学生克服阅读理解恐惧症，就可以进而培养学生的语文阅读能力。

3. 对于理解能力差的学生，鼓励他们多阅读多思考

这部分也就是B组的学生，他们的语言文字掌握水平比较好，但因为各种原因，导致阅读中的理解思维方面存在障碍。这类学生，很多还对阅读不求甚解，只是单纯为了阅读而阅读。

教师对于这类学生，可以采用多种多样的教学方式去促进他们学会在阅读中思考，在阅读中找到所需要的信息。继续鼓励学生多阅读，甚至是课外阅读，维持阅读兴趣。培养学生养成二次阅读习惯，培养逻辑推理能力。有很多阅读材料，有一定的理解难度，这就需要学生在第一次泛读之后，第二次阅读加深理解文章内容。定期开展读书交流会、课外阅读竞赛、读书笔记展出等活动，以各种竞赛方式促使学生主动进行阅读理解学习。对于某些文章，还可以进行角色扮演，促使学生主动去揣摩文辞与句子的意义。多种多样的阅读方式，有助于提升小学生的阅读理解能力。

按照循序渐进的原则，让学生在阅读理解中先学会"说"再到会"写"。对于C组学生，他们有一定的语文阅读理解能力，但是自身的语言文字表达能力有缺陷。教师可以在小学语文阅读理解教学中，让他们先学会"说"再到会"写"。

所谓的"说"，就是把自己所阅读理解到的意思用自己的语言说出来，从简单的复述故事情节到说出文章或者文字片段中隐含的意思。这些阅读后"说"的活动，可以在小组内交流，班上定期举行小组"即时阅读材料，即时抢答问题"竞赛。

在上面阅读理解的"说"活动基础上，举行与阅读理解相关的"写"活动。也就是阅读要求理解某些文章或者文字片段内容后，动笔填空与回答问题。这部分教学工作也就是常规的做阅读理解题，先是简单的阅读材料，再是复杂的阅读材料。在阅读理解的基础上，训练学生动笔按照所给出的问题写出答案。这种阅读理解训练与考查，完全可以在小组内自主进行，教师只需要给小组一定的支持即可。这样培养小学生语文阅读理解能力可以起到事半功倍的效果。

4. 用发展的目光看待学生，因材施教

按照上面的几个步骤，把学生分成多个语文学习小组，但组内成员不是固定的。当某些同学进步了，就需要提升组别，让其接受高一级的阅读理解训练。如何确定提升水平呢？一般可以有两种方式：学生自己提出晋级考试；班内定期举行晋级考试。

按照这样的方式进行小学语文阅读理解教学，可以满足各个层次的学生学习需求，也可以循序渐进地培养小学生的语文阅读理解能力，从而找到各种影响小学生阅读理解能力的因素，最终全面提高小学生的语文素养。

习作教学

增强体验训练，提高学生习作水平

　　小学作文教学是小学语文教学的重要组成部分，也是小学生掌握知识的标志，但这又是小学语文教学的难点。近年来，我主要从事小学中低年级的语文教学，在教学过程中，发现不少学生害怕作文，一提起笔就抓耳挠腮，经了解，有几方面原因：觉得无内容可写，乱编的多；语言积累少，干巴巴的，难以写具体；对周围事物没有留心观察；缺乏想象力；题材千篇一律，难以表达真情实感。针对以上问题，如何提高学生写作的积极性呢？下面谈谈我的几点看法。

一、激发兴趣，自我体验

　　学习兴趣是学生学习自觉性和积极性的核心因素，学生一旦对学习产生兴趣，学习便不再是一种负担，而是勤奋的探索，执着的追求。爱因斯坦说过："兴趣是最好的老师。"我国古代教育家孔子也说过："知之者不如好之者，好之者不如乐之者。"让学生在轻松愉悦的精神状态下，饶有兴趣地学习，充分调动他们的学习积极性，是小学作文教学的第一步，也是作文教学成功的向导。如何激发学生写作兴趣呢？

我认为作文命题应开放，出宽题，紧紧围绕学生所熟悉的生活，以他们周围的人或事、景或物作为作文内容，以激发学生的习作兴趣，使学生感到有一种表达的愿望，有一种冲动想把自己想说的意思表达出来。如根据学生的思想情况，命题为"××，我想对你说"。又如根据小学生最喜欢做游戏的特点，我们可以精心设计游戏内容。游戏前，告诉学生要留意游戏的过程，注意同学的言行和表情。游戏后组织学生说过程，讨论从游戏中懂得的道理。学生玩得兴高采烈，自然会说得兴致勃勃，写起来就不难了，而且有兴趣了。

二、从读学写，读写结合

"作文教学要与阅读教学密切配合。"作文教学时，要指导学生灵活运用阅读中的知识和技能。阅读是吸收，写作是表达，阅读是写作的基础，学生从阅读中汲取营养，利于学生从读学写，促进写作能力的提高，这也是作文教学的基本途径。

在写作教学实践中，作为教师要有意识地把作文指导渗透到阅读教学中，指导学生学习作者观察事物、分析事物、遣词造句、连句成段、连段成篇的方法。每学习完一篇课文后，注意对该文的结构和写作方法进行分析。如学习《母亲的呼唤》这篇课文时，作者是采用了总分总的结构方式，先总写母亲呼唤儿女的特点，再举例分述母亲呼唤自己的几件小事，最后总结。其中第二部分写得最具体，分别从几件具体的事例，表现出母亲伟大的爱，记叙详略得当，主次分明。教师在指导学生学习这篇课文，理解课文内容时，还要注意引导学生分析这篇写人文章的写作特点和表达方式，理解作者是如何选材，如何把人物外貌、神情写具体生动的，即对写人文章可以怎样谋篇布局。

常言道："读书破万卷，下笔如有神""熟读唐诗三百首，不会作诗也会吟"。这两句话道出一个深刻道理：文章源于积累。只有语言积累到一定的程度，才可能文思如涌，笔下生花。否则，纵有思绪万千，笔下也难有片言只语。古代的一些文人学士，如韩愈、苏东坡……他们压根就没学过语法、修辞、逻辑，但能写出千古流传的好文章，其奥秘在于他们熟读乃至背诵过大量的优秀作品，形成了敏锐的语感。实践证明，运用语言文字及写作能力的形成，也需多读多背，课内多读，课外也需多读多背。在教学中，必须加强朗读训练，通过读、背使学生把课本的语言转化为自己的语言储备起来，这样再提起笔来就不会难了。

三、练是关键，感是重点

《九年义务教育全日制小学语文教学大纲（试用修订版）》对习作教学的总要求是："能把自己的见闻、感受和想象写出来，做到内容具体，感情真实，有一定条理，语句通顺，书写工整，注意不写错别字，会用常用的标点符号。养成留心观察、认真思考、勤于动笔、认真修改自己作文的良好习惯。"这是习作教学的总要求，突出了练笔的性质。要提高学生的写作能力，在教学中练是关键，练说练写，"练"是帮助学生打开作文之门的金钥匙。如何引导学生"练"呢？我认为生活是写作的源泉，我们的身边每天都发生着不计其数的新鲜事，对此我们要善于做生活笔记。茅盾告诉我们："应当时时刻刻身边有一支铅笔和一本草簿，无论到哪里，你要竖起耳朵，睁开眼睛，像哨兵似的警觉，把你所见所闻随时记下来。"可是有些学生对此视而不见，听而不闻。可见，无材料可写的根源是不善于观察，仅做生活的旁观者。

另外，作文说的就是真人真事，写的就是真情实感，但平时学生在写作文时，有时为了完成任务胡编乱造，或抄袭他人，或无病呻吟，作文成了很多学生的一纸谎言。在学生的笔下，同学都是拾金不昧的，老师都是抱病工作的，邻居都是乐于助人的，家乡都是美丽富饶的。内容千篇一律，缺少新意，导致有时老师想给学生下个评语都很难。对此，我在指导学生习作时，注意培养学生在练中要养成说真话、写真事的习惯，这与培养学生踏踏实实做人一样重要。

四、重视讲评，互批互改

在当前的作文教学中，一些教师只重视写作前的指导，而轻视甚至忽视写作后的讲评、修改。其实，讲评、修改也是作文教学中不可缺少的重要一环，要提高学生的写作水平，对写作后的讲评、修改也同样要重视。作文讲评是对本次习作的分析和评价。它是习作教学过程中重要的一环，既是习作指导的继续和加深，又是习作讲评的巩固和提高；既是对本次习作情况的总结，又对下次习作训练的指导起着承前启后的作用。因此，讲评是作文教学中要做的一项重要工作。对学生的作文进行批改，也是作文教学的重要组成部分。老师通过批改，对学生进行作文指导，使学生了解自己作文的优点和缺点，并从中受到怎样写好作文的启发。通过批改，教师可以了解学生作文的实际情况，便于总结作文教学的经验教训，及时改进教学，也可以搜集素材，为作文讲评做好准备。对于学生作文，除了老师批改外，还可以指导学生自己修改、互批互改，通过修改提高自身的写作能力。

"问渠那得清如许，为有源头活水来。"我深深认识到，不管是以前的应试教育，还是当今推行的素质教育，学习语文，重点就是培养写作的积极性，才能有效地提高小学生的作文水平。

（本文发表于《今日科苑》2009年第14期，刊号：国内CN11-4764-/N，国际ISSN1671-4342）

发散学生思维，培养动手写话能力

写话教学一直是小学生语文习作指导的重点，也是许多语文教师教学研究的难点。《义务教育语文课程标准（2011年版）》提出："能不拘形式地写下自己的见闻、感受和想象，注意把自己觉得新奇有趣或印象深刻、最受感动的内容写清楚。"可见，语文课程标准提倡的是"我手写我心"。当写话内容与形式得到和谐统一，写话就成了学生心灵感受的自然流淌。在课标精神指引下，在教学中，我着重从以下几方面进行指导，引导学生发散思维，并收到了良好的效果。

一、激发兴趣话题，引发积极观察思考

我认为，兴趣是小学生对外在事物保持的敏感而积极的心理状态，建立在这种心理状态基础之上，学生就会以强烈的好奇心感受周围事物。因此，我特别注意引导他们观察身边事物，激发他们对周围生活的兴趣，从而把周围的"客观事物"变成"眼中之物"。

兴趣来源于题材。给孩子们一个感兴趣的话题，他们的思维就能活跃起来。例如，到了秋天，校园里的大叶榕叶黄了，风儿一吹，就飘落一地，太阳一照，金黄一片，美极了。在晴朗的日子

里，透过那稀疏的黄叶，望望那湛蓝湛蓝的天空，看看那形态各异的云，更是能让人产生无限遐想。为此，我常常利用课余时间和学生们聊这些话题，用自己的语言去感染他们，激发他们观察的兴趣。久而久之，学生们也主动去观察了，并把他们欣喜的发现告诉我：花圃里的月季花开了，血红血红的，充满生命力，非常惹人爱；围墙边的小草钻出了头，细细的，绿绿的，告诉我们春天来了。这种兴趣被激发出来后就犹如一团火焰，越烧越旺。渐渐地，雨中、灾后、颁奖时……那些生活中的美景和感人场面都跃入了学生眼中，成了学生的笔下之物。

学生在观察中体会到了乐趣，有了主动表达的欲望，写话就不再是一种外在强加的负担，而是契合心灵满足需要的"自动生成"。

二、重视绘画介绍，促进从说话到写话的形成

儿童绘画与思维和语言的联系特别重要，因此，在小学低年级写话教学中，可以借助绘画来促进学生书面语言的发展。

特级教师宋喜荣先生在谈到绘画与儿童作文的关系时也曾指出：写景的文章是用语言描述的，风景画是用色彩绘画的。但二者也有某些共同之处，即不管使用语言也好，使用色彩也好，都需要作者对所要表现的对象及所要描绘的景物做细致观察，并能抓住景物的特点。不过，在学生们看来，使用花红柳绿的颜色要比使用一个抽象的词语容易一些、有趣一些。因此，针对儿童的这个特点，我做了一些尝试：在学完《春天在哪里》《日月潭》和《西沙群岛》后，我都让学生结合课文内容并联系生活实际先画一张画，然后组织他们向同学介绍自己的画，要求他们把语句说完整，把意思说明白。同学介绍完，其他同学都可以就这幅画提出自己感兴趣的

问题，也可以就同学的介绍发表补充意见。最后，组织学生评选出"最受欢迎的画"和"最佳讲解员"。在绘画和介绍过程中，学生基本抓住了所要表现的景物的特点，这时再要求学生把它写出来，学生完成得既快又好。

儿童绘画既可以增长知识，又可以间接地帮助学生提高书面语言的质量，因此确实应该引起我们的重视。

三、关注身边事物，培养学生体验生活的习惯

"语文的外延就是生活的外延"，生活的外延包括学生在学校里和在社会上的所见所闻与生活经历。因此，我们要把学生的视野由狭隘的书本引向现实生活，发展学生的语言。

关注生活，学生的习作素材就有了来源，这就解决了学生常出现的选材难的大问题。例如，学习《裙子里的阳光》一课，学生真正理解了"阳光在你心里"这句话的含义后，被佳佳尊敬老人、孝敬老人的那份爱心深深感动。抓住这个机会，我引导学生回忆自己的家庭生活，回忆那些自己和亲人间发生的感人的事，这些点点滴滴，犹如潺潺溪流，再次流淌进学生的心里。有了这真实的生活，学生就写出了充满珍贵亲情的短文《买药》《我的妈妈》等。在这次习作过程中，学生发展的不只是思维、言语表达等能力，还有对生活的情感与态度，从而促使他们更加珍惜亲人间浓浓的亲情，心理更加健康。可以说，习作与生活是相互促进、和谐发展的，因此我们必须抓住习作的源泉——生活。

四、借助课文空间，培养学生丰富的想象力

儿童天生就是一个幻想家，他们的脑海里装着说也说不完、盛也盛不下的奇思妙想，因此，我们要积极地借助他们的这一优势，促进他们习作能力的发展。

在这套S版教材中，很多内容对学生都很有启发性，都能激起学生想象的火焰。根据这一特点，在教学中，我对学生积极进行引导。如《一封奇怪的信》一课，课文篇幅不长，语言对话形象，学生既有由"奇怪"产生的兴趣，又好奇寄出的种子将会种出怎样一片树林。学完课文后，我就启发学生想象：这封信还会寄去一些什么，仅仅是种子吗？当这些种子被收到时会发生什么事？试着张开想象的翅膀，一起去"跟踪"。有的说："种子寄到一个西北农民伯伯的手里，可是种子坏了，农民没法播种，但心里很高兴，充满了希望……"有的说："这些种子种出的树木长得特别快特别茂盛，最后这个小孩吃上了树木结出的果子……"学生在课堂上展开激烈的讨论，大家边讨论边做笔记。很快，一篇篇如《最美的树林》《种子的力量》《奇怪的回信》等写话便跃然纸上，每一篇都充满了奇思妙想。

总之，在写话教学中充分发散孩子思维，让学生多动手多思考，学生就会写得轻松，写得有趣，在不断体验成功的过程中，学生的写话能力也就提高了，"难点"真正成了"乐学点"。

（本文荣获茂名市直属学校小学语文学科优秀教学论文评选二等奖）

积累只言片语，筑牢学生作文基础

从一、二年级的写话到三年级的作文，我经历了这个转变阶段，演绎了两个相承的角色。我们知道，作文是小学语文的起步，而写话到作文的转变则是作文能力形成和培养的关键。写话作文入门是孩子写作的基础，而就课本作文的要求来说，又使很多学生对作文产生畏惧心理，感觉无从下手。事实上，只有掌握好从"只言片语"的写话到"层次作文"习作，才能把握住三年级作文的特点，才能真正把写话能力提升为作文水平。因此，我认为很有必要从以下几个方面着手铺垫。

一、鼓励学生自主积累语言

"不积跬步，无以至千里"，只有大量的积累才会导致质的提升。没有大量的语言积累，学生是无法写好作文的。而三年级的学生大多缺乏自觉性，教师只有不断地鼓励和督促，才能帮助他们积累语言，提高语言的储备量。平时教师可以布置学生每天摘抄好词好句，定期检查；课外向学生介绍一些名言、古诗词、儿童诗歌，要求他们熟读成诵，并学习运用；在班队课、体育课和午间班时，开展读书交流会、朗诵比赛、文学知识竞赛、成语接龙等有趣有益的活动，提高学生自觉积累的兴趣和积极性，加深他们对语言本身及其应用的印象。教师除了让学生多进行课外阅读之外，还应督促他们养成良好的自觉学习习惯，从生活中去领悟，去积累，引导他们掌握更多的学习方法。比如，从互联网上查阅资料，做实验，咨询别人，在旅游或外出时留心观察并做记录等，这样既丰富了学生的见闻，又帮助他们获取了真实生动、记忆深刻的素材。经过长期的积累和内化，学生写作的语言资料库不断丰富完善，写作时遇到的障碍就会大大减少，作文也能生动起来。

二、培养学生的观察能力

观察是人们认识事物的第一步。如果学生对身边的事物缺乏直观感性的认识，就让他们去描写、去评论无疑是很难的。对三年级的小学生来说，认识生活的主要途径是观察，只有亲身去接触事物，仔细地观察事物，才能获得真实、深刻、细致的第一手资料，写作时才有话可写，写出的文章才会比较真实生动。因此，作文教学应注重培养学生的观察能力，引导学生做生活的有心人。例如，学习描写一种动物，可以在学《翠鸟》这篇课文时，让学生看关于翠鸟的资料图片，使学生对翠鸟的外形和神态有一个直观的了解，对翠鸟羽毛的色彩、形态，爪子的形状等有一个感性的认识，并借来实物让学生观察、欣赏，加深印象。这样不仅有利于学生对课文的理解，也在潜移默化中让学生初步掌握描写一种动物的方法。到了正式写作时，再请学生举出自己喜欢的动物，让他们说说应从哪些方面观察，作文就比较容易了。这时，教师应趁热打铁，引导学生有顺序地观察和了解动物的外形、特点、习性及其与人的生活例子等等。通过这种方式，激发学生的观察兴趣，并使他们懂得观察的重要性，逐步养成细致观察的好习惯。学生通过观察，积累了大量的素材，写起作文就不会觉得难了。

三、引发学生的想象思维

丰富的想象力是写好作文的不竭源泉。在作文教学中，除了要培养学生的观察能力之外，引发学生的想象思维也很重要。在教学过程中，教师要经常为学生创设激发想象的情境，引发他们的想象思维，培养他们的想象创造能力。例如，用玩具编写童话，教师可以利用课件展示很多可爱的玩具和动画，激起学生的兴趣，请学生小组合作为其中的一些玩具确立关系，编故事，编对话……学生在合作交流中互相启发，互相补充，使想象更加充实，更加生动，直到编写成一个完整的童话。在这种情境中，学生得到了自主学习、充分表现的机会，有了自由想象的空间，想象思维得到引发和锻炼，写作兴趣也提高了，写出的作文也比较充实生动。

学生产生了写作兴趣和写作愿望之后，如何引导他们写作文就成了一项至关重要的任务。

首先，三年级的小学生刚接触作文，帮助他们树立写作信心很重要，所以作文的命题范围应比较宽泛，要留给学生最大限度的自由发挥空间。如果条条框框限制太多，学生的畏惧心理就会更加严重，写出的文章也会内容空洞，缺乏活力。教师要根据班级学生的总体特点，选择合适的题目，开发学生的写作潜力，要使学生觉得有话想写，有话可写。教师可以多出一些"我想_____""一件小事"之类的题目，让学生有更大的选择空间，有更多的素材可选，使他们觉得写作文并不太难，逐步培养写作信心。此外，在初学作文时，学生的水平并不高。教师在批改作文时，要善于发现文中的闪光点，多鼓励，多表扬，以增强学生的写作信心和兴趣。

其次，学生已有一定的生活积累，教师应引导他们从中挖掘合适的写作素材。学生大部分时间在学校和家里度过，接触外界的机会不多，所以教师在指导写作时，要善于引领学生根据已有生活经验去体会，深入发掘题材，要给学生创设情境，把生活搬进课堂，演绎其中的精彩片段，给学生以真实的感受，引导学生体验生活，挖掘素材。例如，描写秋天的景物，教师可以引导学生谈一谈参加过的秋游和秋季的实践活动，帮助他们回想见过的景物，产生一个直观的认识，再通过相互讨论交流和老师讲解等方式引导他们掌握描写景物的基本思路、方法、好词佳句等。这样学生会很快地提取出素材，写的文章也比较真实。

再次，"情以物迁，辞以情发"，有感情的作文才显充实，才有内涵。教师还要善于引发学生的创作情感。教师应站在学生的角度，走近学生的生活去了解学生的个性特点、兴趣爱好、困惑等。比如，可以出"说说我的心里话"或是"我最想说的话"之类的作文题，让学生倾诉他们的喜悦、忧伤、委屈、建议、感想……让学生产生沟通的欲望、需要和热情。每次作文都要引导学生生发感情，进行真实的写作。有时教师也可以因势利导，利用学生的某些疑问或好奇心理来完成一篇作文。比如，学完了《卖火柴的小女孩》，学生觉得写童话并不难，很多人跃跃欲试，这时教师就可以让学生去改编课文，或续写课文。这样写出的作文，真切生动，充满感情。

最后，作文的修改也很重要。教师要引导学生养成修改草稿的良好习惯，并根据每次作文情况讲解修改要点、修改方法等，逐步引领学生学会修改作文，增加文采。

所以，要很好地实现从看图写话到真正作文的过渡，筑牢习作基础，学会掌握从"只言片语"到"层次作文"的转变非常重要。作文教学应从以上角度出发，贴近学生实际，寻找适合学生的作文途径，让学生关注现实，热爱生活，乐于在作文中尽情表达自己内心世界的独特感受，写出一篇篇文笔优美、生动真切的好文章。这是一项重要而有挑战性的教学任务，需要教师不断探索、实践、创新。

［本文荣获广东省小学语文教学论文（论著）活动评选茂名地区二等奖］

抓好听说读写，提高语文教学质量

小学语文听、说、读、写训练是教学的重难点，特别是中年级的说、写训练更是重中之重。那么，如何正确选择加强说、写训练的最优化策略？教育教学最优化是指教师有目的地选择组织教学过程的最佳方案，从而保证在规定时间内，使教学、教育和发展的任务达到可能范围内的最大效率。

低、中年级是小学生说写能力发展的关键阶段。在此阶段，大部分学生的说写能力都能同步提高，可也有部分学生的说写能力出现不均衡发展：或是有较强的写作能力，却不能用通顺连贯的话来表达自己的思想；或是说话时条理清晰，滔滔不绝，可写作时文不通字不顺。

调查研究结果显示，除了学生个体心理因素的影响外，课堂教学结构的不合理是主要原因。有些课堂已由"满堂灌"变成"满堂问"。教师提问的目的是顺利完成自己的教学。当一两名思维活跃、口头表达能力较好的学生回答到位时，教学就匆匆转入下一个环节。故而学生回答问题的概率明显偏小，能经常在课堂上练习说话的，往往不足全班人数的四分之一。这就造成了一些学生或者说话欲望逐渐减退，或者说起话来吞吞吐吐，含糊不清，颠三倒四，词不达意。而教师往往对这种现象没有引起足够的重视。同时，以写段为主的中年级写作训练，在整个语言训练中所占比例较小，而现行的课堂教学结构重讲解，轻训练，课堂练习往往会挤到课外去完成，训练过程中缺乏面对面的辅导，产生的学习障碍又得不到及时疏导和纠正，连那些发言踊跃的学生，在写作训练中也会产生语言表达能力的"错位"。

教育教学最优化思想要求我们要把教学过程作为一个统一体去考察，并深究它的所有基本因素（教师、学生、教学条件、任务、内容、方法、手段、组织形式、评价等）在相互联系和相互作用中所表现出来的规律性，用以调整教学观念，逐步优化课堂教学结构。

一、增加课堂教学密度，说写训练同步，促进学生语言表达能力的协调发展

1. 夯实"说"的基础

恰当的课堂提问可帮助学生理解课文内容，进行语言文字训练与思维训练。课堂提问设计的优劣及操作的适当与否是课堂教学成败的关键，但更要注意提问的覆盖面，让大多数学生落实语言思维训练，特别是那些有语言障碍的学生，给予他们更多练习说话的机会。学生在回答问题时，不仅要着眼于回答的正确率，还要求学生根据不同的场合、不同的语境，注意运用的句式，确定音量大小和声音的情感，对学生的语调、语速和语气做适当指导，以提高说话的能力。同时，要抓住时机，在阅读教学中渗透写的训练。如在教学部编版语文三年级上册第18课《富饶的西沙群岛》时，让学生用课文中的"五光十色、瑰丽、各种各样、成群结队"写一段话，学

生兴致勃勃，有的写西沙群岛海水多种多样的颜色，有的写海底的珊瑚，有的写海水中的鱼儿……这样就能加深学生对语言文字的理解，加强运用语言文字的能力，就能在单位时间内增加课堂教学的密度，让学生获得更大的有效信息量。

2. "说"真话是"写"的前提

在训练说话时，老师要求学生不仅要正确运用词语，还要说真话、说实话，不可无中生有。对于个别学生胡编乱造的行为，老师要及时指正。如老师在指导学生学习三年级上册第六单元习作"这儿真美"时，要求"让我们把身边的美景介绍给别人"。一些学生说到茂名新湖公园，看到"满树的苹果，像小灯笼似的挂着树枝儿上，发出诱人的清香……"还有一名学生说"老家的景色真迷人，冬天早晨，看到水东湾的江面全结冰了，伙伴们在冰面上溜冰跳舞……"这些明显就是生搬硬套，不切实际地"说"，对于"写"根本没有任何意义，老师必须加以指出并引导学生改正。

二、注意课堂信息反馈，说写训练双向渗透，确保学生语言表达水平的整体推进

1. 以"说"导"写"

在训练中，充分发挥"说"在内部语言向外部语言转化过程中的桥梁作用。通过"说"整理"思维"，从而提高学生书面语言的准确性、条理性。如在作文课上，鼓励学生讨论或争议，明确本次作文训练的要求；在作文评改课上，让学生充分发表意见，使之互相启发，取长补短。学生脑中零散的、不确定的种种思想内容在争议中得到提示，以恰当的形式表达出来，使文章的结构更加条理清晰，内容表达更加明白，遣词造句更加准确贴切。

2. 以"写"促"说"

适当地增加写作次数，进行强化训练，是有必要的，但必须以不增加学生负担为前提，适当调整语言训练的整体计划。同时，充分利用书面语言的优势帮助学生"说话"，增强口头语言表达的简洁性和精确性。如部编版语文四年级下册第二单元第6课《飞向蓝天的恐龙》课后思考练习题2："假如你是一个解说员，会怎样简明扼要地介绍恐龙飞向蓝天，演化成鸟类的过程？"这是一个有一定概括力和中等难度的问题。我要求学生在10分钟内把自己对该内容的理解写下来，然后交流讨论。通过这种说中写，写中说，说写联系，切实做到整体推进。教师应注意在训练过程中关注学生的反馈，因材施教，使语言训练始终处于一种动态的平衡。

三、以说写为中心，合力调整课堂教学的时间配置，充分发挥学生的主体作用

1. 建立"说"的主体地位

从教育学的观点看，学生的全面发展决不能离开自由时间。我们要摒弃一切烦琐的教学环节和过多的不必要的讲解，把大块时间交还给学生，充分发挥学生在课堂中的主体作用。如在教学部编版语文四年级下册第二单元第7课《纳米技术就在我们身边》时，我就以说写为中心安排教学过程。首先，以记者采访形式来让学生介绍纳米技术的含义、范围、功能，从中了解学生对课文的理解程度。然后，以"我是纳米材料"为主题，让学生进行"自我"推销，以加深对课文的理解。最后，以"我家的电器"为题，让学生仿照课文当堂练笔。在训练过程中，老师只做适时点拨，把学习的主动权交给学生。这样，学生的学习能动性得以充分发挥，切实提高了教学

质量。

2. 拓展语言表达，发展"说"的思维

小学二年级，学生进入智力发展、思维和语言发展的"黄金时期"，有较强烈的表现欲望，他们的语言表达心理障碍少，很少有顾虑。这种心理特点有利于学生思维能力和语言表达能力的培养。因此，我们要不失时机地发展学生"说"的思维，在教学中注意发掘可供说、写的素材，坚持读写结合。在二年级教材中，有相当分量"归类识字"内容。在教学这类课时，我不满足于教会学生字词，理解由字词带出的句子意思，而注意从中挖掘说、写的素材。如教学中有一句"小东把座位让给了老爷爷"，在理解句意基础上，要求学生加上时间、地点及心理活动：怎么想、怎么做。一步一步启发，引导说话，然后再以"在公共汽车上"为题，把它扩展为一段话。这样的说、写训练，有利于发展学生的思维，大部分学生都能有条理地写出来。

3. 关心身边事情，锻炼"写"的能力

小学生由于年龄、阅历等原因，对日常生活中所发生的事情，往往视而不见，听而不闻，一旦进入高年级，写起作文来，不是寥寥数语，便是东拼西凑，无话可说。为了培养学生的观察能力和说、写能力，积累生活素材，老师就要做"有心人"，注意观察身边事物，引导学生进行说、写训练。如秋季校园运动会，由于下大雨，不能如期举行。我想大家盼望已久的校运会，被大雨阻隔，大家很扫兴，一定有着不同的想法。于是，我以日记的形式写出开头，让学生续写完整。"学校原定于今天举行校运会，可是天公不作美，从昨晚至今，大雨还在一个劲地下着。望着哗哗的大雨，我_____"我让大家想想此刻的心情是怎样的，先互相说一说，短

暂交流后，再把它写出来。学生们唰唰唰很快就写出来了。张东同学写道："望着哗哗的大雨，我很生气呀！我想如果人能管住天，那该多好啊！可是天只有老天爷来管。唉，我们真没办法了！"可见，题材源于真实生活，说写训练要依靠现实生活的体会和感悟，多感悟生活是进行说写训练教学最有效的手段和必经之路。

四、切合班级实际，把握"最优化"动态标准，最大限度地让学生积极参与教学活动

1. "最优化"策略必须适用于全体学生

"最优化"作为一种策略思想，它的检测标准应依据具体班级的师生现有教与学的水平而定。它既适用于所谓"尖子"学生，也适用于所谓"后进"学生。每个学生、每个教师，都可以致力于自己的最优化，关键在于能最大限度地让每个学生都积极参与到教学活动中。

当前课堂教学的主要模式仍是"师问生答"型。这种由教师主控课堂的教学，大大限制了学生说、写的思维能力。在教学设计中，要调动学生多种器官，加强学生的实践环节，不仅要读、说、记、写，而且要画、唱、演、访、观、做，让学生自主学习，独立思考。如教学部编版语文四年级下册第五单元第17课《记金华的双龙洞》时，我根据课文特点指导学生学习课文。在学生了解了双龙洞的特点后，我又请学生扮演小导游，按照游踪顺序说一说金华双龙洞的特点。一时间，学生兴致勃勃，纷纷上台充当小导游，向"游客"推介。最后，学生们结合黑板的板书，在本子上十分详细地描绘出双龙洞景物。这样，不管是优等生还是后进生，他们的说写能力都得到了培养和提高。

2. 多形式训练，提高说写的能力和效果

我比较注意变换说写训练的形式，扩大学生的参与面，努力调动学生的学习积极性。如在说话训练时，可采用概说、仿说、看图说、评论、简说、评说、补说、复述及课本剧等多种形式，让学生在感知课文内容的同时，培养口头表达能力。写作训练可采用看图写、读后写、扩写、缩写、补写、变换人称写等形式，消除学生对写作的厌烦心理，增强兴趣，保持良好的学习心态。在教学语文S版课文《蝙蝠和雷达》时，我引导学生借助蝙蝠和雷达之间的关系进行逻辑思维训练：蝙蝠是一种生物，科学家通过对它的研究发明了雷达。科学家还从哪些生物身上得到启示，制造了哪些现代化机器设备？仿照课题，用"（　　　）和（　　　）"形式说一说（如小鸟和飞机、鲸鱼和潜水艇等）。最后，我还以课外小练笔形式，指导学生留心观察周围事物，发挥想象力，自己设计一种现代化工具，以"（　　　）和（　　　）"为题写下来，收到了良好的说写效果。

综上所述，我注重加强探索说写训练"最优化"策略，充分调动学生的主体性，让学生在活动中说，在说后写，循序渐进，这样有利于发展学生思维，提高学生的综合能力。我相信，这种探索一定可以更好地提高课堂教学效率，提升语文教学质量。

（本文荣获茂名市小学语文学科优秀教学论文评选一等奖）

掌握信息技术，提升作文教学水平

信息技术声光同步，音画并茂，能创设较好的教学情境。在作文教学中，巧用信息技术能给学生提供广阔的创造空间，激活学生的思维，充分挖掘他们的潜能，对提高作文教学效率起到很大的作用。

一、巧用信息技术，激发作文欲望

学生提起笔就觉得思维受限，无话可说，这是小学作文教学的"老大难"问题。"无话可说、无事可写"，使他们对作文产生畏惧心理，导致"谈文色变"。要改变这种现状，首先要激发学生对作文的兴趣。在作文教学中巧用信息技术就能激发学生的作文欲望，引导学生主动参与。在指导以"山村的变化"为题的作文时，我播放了课前拍摄制作好的录像：画面展示的是十年前的小山村，倚山建造，村道坑坑洼洼，野草丛生，臭水沟弥漫着恶臭，蚊子、苍蝇到处乱飞，破烂的瓦房在风雨中摇摇欲坠……此时，学生进入了情境，脸上露出了几分忧虑。接着，镜头一转，画面展示了现在小山村的风采：整齐的楼房拔地而起，装饰豪华，家家户户用上了自来水，安装了太阳能热水器；绿化带中各种花树争先绽放，引来了蜜蜂和蝴蝶；小山村有了幼儿园、学校和卫生站、公共汽车站。老人们围坐在一起谈天说地，小孩子在洁净的村道上做游戏。小明家的那台黑白电视机早已被大屏幕的彩电取代了……小山村的确发生了很大变化。看完录像，同学们的脸上露出了难以形容的喜悦，教室里顿时议论纷纷。此时，我又不失时机地进行引导："小山村为什么会变了样？"话语一出，同学们踊跃举手抢着回答问题："是改革开放政策给人们带来了好光景！""是党的决策英明！""是党的好政策在农村得到落实！"……接着我指导学生运用对比方法把山村的变化真实写下来。

学生对这次作文产生了浓厚的兴趣，挥笔写下了山村的巨大变化。

二、巧用信息技术，培养创新思维

在作文教学中巧用信息技术，营造了轻松、愉悦的氛围，学生就会冲破思维的定式，产生丰富的想象，他们的创新能力也就得到协调的发展。如作文题目是"一件意想不到的事"，已给定第一自然段，要求续写下文。课前我把作文第一自然段的内容拍摄成录像，并配解说词：早晨，太阳从东方冉冉升起，天空格外晴朗。我吃过早饭，穿上一件漂亮的新衬衫，骑着自行车上学去，由于我特别高兴，自行车越跑越快。可是，意想不到的事发生了……学生观看完录像，思维的闸门顿时打开了。教室里议论纷纷，他们积极举手并联系生活实际有条理地说了这件"意想不到的事"。说得好的，我做了充分肯定，并奖励了一朵小红花；说得不够完整的，我鼓励他们大胆讲完整，或让同学做补充；说得不切合实际的，我要求课后与他一起探讨。学生说完后，我因势利导，指导他们恰当地运用写作技巧，抓住重点，把这件事续写完整。

三、巧用信息技术，训练说话能力

由观察画面、确定写作材料到动笔成文，中间需要经历一个说的过程，学生能把写的内容完整地说出来就厘清了作文的思路。在教学中可让学生示范说、个别说、同桌说、学习小组互说。这个环节不但训练了学生的语言表达能力，还使他们在说的过程中取长补短，让自己的思考更加完善。如在指导写作"美丽的文化广场"时，我先把文化广场有关景物按一定顺序拍摄下来，并配上美妙动听的音乐，然后利用放像机的重放、慢放、定格等功能，将生物花园的假山、喷水池，左边的大花坛，右边的翠竹园等景一一展现在学生画前。学生观看完录像、厘清了写作的顺序后，我就指导学生口头作文。我把带子倒回，运用定格的功能，屏幕上展示了一座气势不凡的假山，学生兴趣来了，他们抓住假山的怪石、小树、小宝塔、喷泉、池水和池里的石青蛙、金鱼等的不同特点说一段话，条理清楚，语言生动，用词准确。接着，屏幕上出现了左边的圆形大花坛，同学们按由里到外或由"点"到"面"的顺序，运用动静结合的写法，重点说了花圃中花的长势、花的颜色以及花的构造，蜜蜂怎样在花丛中飞舞。学生的语言表达简洁、重点突出。接着，镜头又转到了右边的"翠竹园"，学生能列举出园中的竹子种类，并能运用先概括后具体的方法说出了"宝贵竹"的特点。特别动人的是摆在"翠竹园"里的金鱼缸，小明同学用准确的语言把金鱼在水中追逐、嬉戏、漫游、觅食等各种不同的动态细致具体地描写出来。

学生代表说完后，我又组织学习小组成员互说，虚心学习别人的写作方法。他们能把观察到的景物用自己的语言说出来，也就"有物可写"了。

四、巧用信息技术，指导作文修改

修改，是学生完成作文的一个重要组成部分。叶圣陶先生说："文章总是要改的，开头起草，一定有缺点，有漏洞，有毛病。""改，就是要使文章切合我所要表达的那个主题，达到我的目的。"为了提高学生对作文的自我修改能力，我做了一定的尝试，取得了较好的效果。

学生完成作文后，我要求他们有感情地朗读，边读边思考，同时在读的过程中增、删、调、改、再改，直到自己满意。

学生修改完成自己的作文后，我就选择优劣习作各一篇，利用投影仪投影到大屏幕上，然后指导学生一边细读，一边修改。修改的内容包括词句、标点、中心思想等。我让学生明白好的作文好在那里，为什么；而劣的文章，它的不足表现在什么地方，怎样改正。学生有不理解的地方，我先组织他们讨论，并在一旁点拨，直到他们理解为止。

集体评改完成后，我再要求学生运用刚才学到的修改方法改自己的作文。然后，我又把学生分成好、中、差三组，以小组为单位互读讨论修改，在读中改，在改中读。由于充分发挥了学生的主体性，他们的潜能也得到了发展。这样有助于扬长避短，提高学生的作文能力。

总之，我在作文教学中巧用信息技术，营造了良好的氛围，学生的眼、脑、手、口都得到充分的训练，且激活了他们的思维和动手作文的兴趣，促使他们由"要我写"转变为"我要写"，使他们真正成为教学活动的主体，从而有效地提高了写作能力。

巧运用微写作，有效提升习作水平

　　语文新课程标准对小学生的写作提出了明确要求，也就是教师应对学生写作兴趣的培养予以重视，帮助学生更好地观察周围事物，将在学习和阅读中学到的词汇运用起来对自己想写和想象中的事物进行描写。小学语文教学更应重视结合读和学，从而有效地将学生的语文表达能力和生活感知能力提高。语文课堂中的微作文也就是一种读写结合教学模式的有效体现，当前已得到了广泛应用。教师在作文教学的过程中，立足于课文的文本内容和教学要求对学生进行指导与帮助，让其进行十分钟左右的微作文写作，要求学生立足于内容进行仿写或积极展开想象进行改编和创编。将自己的真情实感表达和展示出来，使自己的写作兴趣得到充分激发，这样既能锻炼学生的写作水平，同时还能提高写作能力。

一、微写作的定义及运用优点

　　"微写作"发端于微博，从名字中我们就能看出其含义即为借助实际的人、事、物而写出来的微型文学作品。"微笑话""微故事""微诗歌"和"微小说"等都在微写作的范围之内。微写作的字数通常在150~300字。学生在进行微写作训练的时候，不用紧密联系上下文，而是要将重点凸显出来。例如，在描写"人、事、物"的时候，就是用生动形象的文字语言具体、生动地展现出表述对象的动态，给人一种仿佛置身于真实情境中的感觉；在讨论某个人物或某一事件的时候，运用掷地有声的文字语言讲道理让人心服口服，用陈述、概念等逻辑，直接分析、评论和证明客观事物，借助意识中对现实的审美改造，放飞心灵。

我在进行微写作训练的时候，对学生使用词句的能力更为重视，借助练习词句，让学生积累语文作文的基本技巧。借助微写作，可以将学生对词句的使用有效提高，这对小学生而言是最好的逐步深入的学习方法。另外，小学生刚和语文作文写作相接触，因此，教师十分有必要对其写作兴趣进行培养。但是因为小学阶段的学生在进行学习的时候是立足于自己的喜好兴趣的，因此只练习作文写作，会让他们觉得十分枯燥，进而逐渐丧失学习的兴趣。所以，我在教学时借助微写作，让学生在日常的词句练习过程中对语言表达的魅力及语文作文的魅力有更加深刻的感受，从而激发学生对习作的兴趣。

二、小学语文微写作教学策略

1. 借助微写作，培养情感表达

情感的表达在作文教学中占据着十分重要的位置，也是小学语文教学中极为关键的部分。在进行教学的时候，教师要借助微写作对学生的情感表达能力进行培养。其实，小学生正处于感性认知比理性认知更多的时期，可以充分表达出自己的情感，但是怎样说出来，并在文字中体现，就离不开教师进行有组织的引导。利用微写作开展写作教学，教师可以给学生提供情感表达的机会。

例如，当室外在下雨的时候，学生总是不时地看向窗外，很难将注意力全部放在课堂教学中，由此表明他们尤为喜欢雨。在传统课堂教学中，教师会立马制止学生的这种行为，并严厉批评学生，其实，教师可以对学生进行引导，让学生表达出自己对雨的喜爱之情，激发学生的情感表达。教师应合理地指导和讲评学生的作品，立足于学生的实际写作情况，向他们讲授修改方法，指导他们对写作思路进行改进。例如，针对五年级的学生而言，大部分学生的写作内容都很难做到自然过渡、具体表述、有顺序地叙述，对此，教师可以向他们讲解写作方法，借助"言之有序""言之有物""总分写法"，让他们对写作结构进行调整、推敲文字以及取舍材料，进而掌握方法技巧和提高写作能力。

2. 分割教学内容，降低理解难度

写作教学必须极为简约才能将其作用充分发挥出来，太多且繁复的写作内容会让写作学习成为一种负担，所以，将一种具有可操作性、针对性强、目标清晰、主题单纯、容量小、规模小的微写作教学建构起来意义重大。教师在教学中应把教学内容分成若干个分支。在微写作教学过程中，解决写什么的问题是第一任务，也就是在生活中怎样运用语言传递具体信息、交流情感志趣、处理具体事务。在实际操作中，教师主要是教会学生怎样写生活化的作文，要对逼真的生活化语境予以创设，帮助学生提高运用语言解决生活问题的能力，并让学生学会在生活中积累人生经验。此外，教师还要教学学生写情感，学会运用个性化的语言和表达方式把真实的体验与情感写出来。例如，我曾以"我哭了"为主题让学生写一篇微作文，学生们写出的微作文都十分感人。对小学生而言，注重怎样把好词用好，怎样精简句式，怎样将段落的整体结构把握好，简而言之即为怎样使用最优美的词、最精简的句子完整、精彩地表述一个事件、一种情感及一个感想。同时，微写作是为了使不同情境下的表达需要得到满足，没有固定要求，所以教师在教学中不能对写作技巧和章法过于强调。

3. 以文本内容为主要依据进行微作文布置

新课程改革对作文教师的要求越来越高，主要目的是对学生进行引导，让其描写出想象中的事物。鼓励学生对生活进行相应的幻想和联想，让学生可以在写作文的过程中充满丰富的想象力，进而激发创作灵感。小学语文教师必须将这一特点牢牢抓住，把课文文本作为主要的参考依据，将微作文布置给学生，让其在微作文中积累丰富的写作技巧和经验。

例如，在教学以感情为主题章节内容的时候，教师可以让学生仿写文中所描述的和亲情有关的小故事，对自己在日常生活中遇到的感人故事进行仿写，这样不仅可以使学生受到语文修养的熏陶，还能充分体会语言的魅力，真正明了故事的深刻内涵。大部分学生在进行微作文的时候都会对自己跟教师、同学及父母之间的友爱故事进行描述，大同小异的文章对学生写作思想的培养极为不利。所以，教师要有针对性地对学生进行引导，让其把别具一格的作品创造出来。比如，教师可以让学生写上学途中所看到的环卫工人，描述他们对城市的贡献和热爱。这样的事件非常多，在这些相似事件的不断感悟中，学生的情感思维会得到升华，从而提升自己的作文水平。

4. "微分享"，让学生爱上写作

当前有着非常多的分享平台。比如，基本上每个班级都建立了自己的微信群，我们可以充分借助群空间，也可以开通孩子的专属

博客，还可以把"轻笔记"等软件推荐给他们，让学生把他们的习作上传上去，学生在对其他同学的作文进行浏览后，以小组为单位展开讨论，相互批改，把批改评语写出来，每个学生都能发表自己的意见，使真正意义上的互动和启学落地。家长也可以在线参与进来，然后让学生对作文进行修改，最后教师再科学合理地点评、总结学生修改后的作文。这种修改方式既方便又快捷，将反馈作文的效率显著提高了，使资源共享和广泛互动的交流顺利实现。由以往封闭的、传统的作文教学转变为流动的、开放的作文教学，有人关注、有人评价，写作的积极主动性自然而言地就提高了。让学生愿意动笔，易于动笔，他们写作时所需要的成就感和认同感得到了满足，进而促使学生不断前进。

5. 注重微写作的活动反馈

教师应认真对待每一次微写作活动，在活动后及时反思，对学生的写作状态、写作信息和写作兴趣进行了解，并对小学生微写作中体现出的优点和缺点进行总结，以便于学生更好地参考。例如，在上学期，学生经过一个月的微写作活动后，明显可以看出学生的写作兴趣得到了极大提高，不再排斥、害怕写作，写出来的内容也更富有感情，更加形象生动，所以，教师要坚定不移地开展微写作。又如，有一次，我在有段时间开展微写作活动的时候，发现有些学生产生了排斥心理，态度散漫，于是我便适当对思路进行了调整，鼓励学生进行口头作文，在提升了口头作文的水平后，再继续进行微写作，通过这样的方式，有效维持了学生的写作兴趣，极大地提高了学生的写作能力。

综上所述，作为现阶段作文的一种新型教学方式，微作文既有微小的特点，同时还能使作文教学得到有效拓展。但是在日常教学中，用微写作当作普通的随笔练习是远远不够的，在进行教学的时候，语文教师要根据实际学习情况对学生进行引导，要有针对性地对题目或规定范围进行训练。这种内容丰富、形式灵活的微作文教学方式，不仅使学生的思维得到拓展，学生的写作兴趣激发出来，而且使学生的写作水平及小学语文写作教学质量大大提高。

把握习作单元，积极探索作文思路

　　我国基础教育在新课程标准的指导下，变以往"一刀切"的教学模式为"一纲多本"的教学模式。这样的教材应用方式，不仅可以充分适应不同地区的教育状况，也可以满足不同学校在课程二次开发时的教学需要，从而推动基础教育的改革与发展。作为目前基础教育中使用最为广泛的教材，统编版小学语文教材在内容安排方面具有许多创新之处。习作单元是新教材中的一个特殊内容，它以梯度式能力提升的形式，对传统的习作教学内容进行了重新编排，打破了传统教材以读为主、以写为辅的局面，注重学生的阅读和写作能力的同步提高，有利于促进学生的全面均衡发展。

一、结合单元内容设计习作主题，提升学生写作能力

　　语文教师是在基于自身对于习作单元的理解上开展的习作单元教学，这就意味着语文教师自身对于习作单元的解读和理解的正确性与全面性决定了习作单元教学的质量。为此，想要达到良好的教学效果，语文教师就必须正确解读和深入理解习作单元教学内容。在统编版语文教材中，每个单元都包含了与单元主题相近的课文。在开展习作教学时，教师要以单元主题为切入点，根据小学生的学

习特点，设计相应的习作练习活动，使小学生对习作学习产生浓厚的兴趣，主动参与其中，掌握写作的方法和技巧。同时，教师应结合小学生的主体地位做好教学安排和设计，让小学生在习作课堂学习中变得更加积极、主动。在进行习作教学时，教师应注重引导小学生思考分析习作主题，把握写作技巧，助推习作教学的有效开展。例如《夏天里的成长》一课教学，在课堂上，教师可以根据小学生的学习能力、学习水平，组织小学生以合作探究学习的方式参与到课堂学习中，联系课文的中心思想——夏天是万物迅速生长的季节，使小学生在写作过程中把握文章的核心议题。在开展习作教学时，教师要以小学生为中心，对小学生参与习作进行方法与技巧的指导。如在习作过程中，教师可以引导小学生在习作之前先列出提纲，把握写作的主要内容及思想。通过这一方式，小学生在习作主题的引导下，更加深入地参与到语文习作中，有效地促进语文核心素养的发展。

二、构建作文大纲，梳理写作思路

大纲是作文框架的简化形式，能帮助学生从全局着眼，将写作思路具象化、系统化、定型化。在正式写作前确定作文大纲，能有效保证作文中心突出、层次井然、疏密适宜、结构严谨。为帮助学生厘清写作思路，使其能根据习作训练要求正确构建作文大纲，教师可在精读课文教学后，组织学生展开写作方法和写作技巧讨论活动，对单篇课文的写作框架、写作思路、写作技巧进行梳理和总结，通过师生、生生交流开拓学生的写作思路，及时掌握学生在精读课文及文章框架梳理过程中遇到的困惑，有针对性地引导学生在习作训练中应用不同的写作方法。教师可在课堂教学中为学生创设习作训练谈论情境，让学生在课堂中通过讨论完成口头作文，以口头作文为基础完成习作单元训练。如初试身手模块中已经设置了口头作文练习任务，要求学生对该模块中两幅图片进行口头描述，其中一幅图片表述的是跑步比赛，另一幅图片表述的是一家人为老人庆祝生日。两幅图片都是学生较为熟悉的场景，教师可在课堂上使用多媒体设备为学生展示这两幅图片，要求学生仔细观察图片内容，并结合自己的生活经验和想象力，按时间、地点、起因、结果的顺序尽可能详细描述图片中的内容。另外，为了帮助学生在实际写作过程中应用更加准确的语言描述事情的发生、发展和结果，教师还可创建写作思路支架表，以表格的方式言简意赅地帮助学生厘清写作基本思路。

三、应用多元化评价体系，增强学生习作信心

习作单元教学的核心目标是全面提高学生的写作能力，教师应根据各年级习作单元的实际特点，应用多元化评价体系，保证评价结果的客观性和准确性，同时肯定学生的进步和成长，增强学生的习作信心。如在教学统编版语文教材三年级下册第五单元"奇妙的想象"习作时，教师可带领班内学生对两名同学的作文进行集中讲评、学生互评和作品展示。首先，由小作者在班内朗读自己的习作，将作文以投屏的方式在班内进行展示，让其余学生观察作文中哪些语句使用了单元习作中的表达方法，让学生探讨哪篇作文中表达的内容更加奇妙、大胆和有趣，再由教师对两篇作文的优缺点进行总结，充分认可学生的奇思妙想，激发学生的写作兴趣。其次，让学生沿用集中讲评中的作文评价方式进行作品互评，画出点评作文中的优秀语句，圈出作文中出现的错别字、错误词语等，将修改

后的作文返回作者手中并完成修改。最后，让学生誊抄修改完成的作文，并将其张贴在班内作品展示墙上，方便学生自由阅读、互相品评，促进班内学生共同成长。

综上所述，在统编版小学语文教材中，创新性地加入了习作单元模块。该模块的内容具有任务整体化、内容难度梯度化、教学目标明确化及教学指导具象化的特点。对习作单元教学模块的合理运用，可以有效地打破传统小学语文教学中存在的"以读为主、以写为辅"的教学局面，促进学生读写能力的同步提升。但是，在应用新教材模块和传统教学模式的过程中，仍然存在着一些不适应的问题，这就需要小学语文教师及时地对自己的教学理念进行革新，对教学方法进行创新，为提升小学生的语文素养创造良好的条件。

（本文发表于《教学与研究》2023年第19期，刊号：国内CN11-1454/G4，国际ISSN0257-2826）

课堂教学

加强合作学习，创新语文教学模式

"现代教育观念认为，一个人今天的学习方式应与他明天的社会生存方式相适应。合作学习正是这种适应性的切入点之一。"因此，在教育中必须从小培养学生的合作意识、合作能力和合作精神。合作精神的培养将是21世纪中国教育主题之一。随着基础教育改革的不断推进，合作学习在我国中小学语文教学中，已经成为一种重要的教学方式。同时，合作学习也是语文新课程标准提倡的学习方式之一。

一、合作学习与语文教学的关系

（一）合作学习在语文教学中运用的必然性

首先，基础教育的改革要求语文教学运用合作学习。基础教育改革的特征之一是学习方式的改革。"积极倡导自主、合作、探究的学习方式"是语文新课程标准提出的新理念，也就是说，在语文教学中必然要运用合作学习这种教学方式，语文教师要肩负起指导学生进行合作学习的任务，培养学生的合作意识。

其次，从语文学科本身的特点来看，语文就是语言，是最重要的交际工具和思维工具，只有在交际、交流的过程中才能掌握。

"工具性和人文性的统一，是语文学科的基本特点。"而合作学习恰好就是交际、交流的学习方式。语文学科的人文性很强，学生对语文材料的不同理解，都需要在学生的思维碰撞中体现出来。学生通过讨论、交流，多方面地寻求更多的信息，接纳对方的观点，从而形成新的认知或上升到更高的认知层次。因此，我们没有理由不在语文教学中进行合作学习。

（二）合作学习对语文教学的意义

合作学习成为语文新课程标准提倡的学习方式之一，大量实验证明，合作学习对语文学科教学具有较强的优化作用。

从大语文教育观来看，语文教育是一种与社会发展相适应的终身语文教育。美国教育学家杜威认为"语文的外延与生活的外延等同"，即所谓大语文教育观。这是语文学科最显著的特色，它提倡将语文课堂的合作学习延伸到课堂之外。在以往的语文课堂上，教师是"主角"，而学生是"听众"，学生的课堂参与少得可怜。没有了学生的参与，课堂教学效率从何谈起？而合作学习改变了这种局面。它明确指出：学生是语文课堂的主人。在课堂教学中，学生占主体地位，教师起主导作用。教师通过启发、引导，让学生在有一定难度的问题上开展合作学习，相互交流，取长补短，有效地培养学生的探究意识和合作精神，大大提高了课堂教学的效率和语文教学的成绩。

二、语文教学中合作学习存在的问题及其原因

作为新课程倡导的三大学习方式之一的合作学习在语文教学中频繁出现，这说明教师已意识到合作学习的重要性，并在积极地探索和实践。然而，合作学习不是简单地把学生分成几个小组，把

合作学习停留在表面的形式上。一些教师在实际操作中对合作学习的理解存在着一些误区，于是课堂上泛滥着让人眼花缭乱的合作活动。我们来看一些教学镜头。

现象1：教师没有提供足够的时间让学生充分展开讨论，三两分钟，草草收场。

现象2：一些没有讨论价值的问题放在小组里合作思考，浪费了宝贵的学习时间。

现象3：你说你的，我说我的，讨论结束后并没有做归纳和小结，小组合作学习处于一种自由放任的状态。

现象4：学生不能围绕重点，进行积极有效的讨论，争执、吵闹不停，不懂得倾听、吸收别人的意见。

现象5："小权威"大包大揽，学习能力较弱的同学则过于依赖、盲从。

现象6：问题一出现，教师没有引导学生先独立思考，就立即组织小组讨论，让学生"合作解疑"。

从表面上来看，学生好像热情地参与到合作学习中，但学生和教师的这些表现都只停留在合作学习的表面。教师虽然安排了合作学习的形式，然而并没有重视小组活动的质量。教师只是为学生"穿上"了"合作学习"的"新鞋"，可"走的"依然是从前的那条"老路"。同时，教师在设计教案的时候，也忽略了合作过程中的倾听、交流、协作、分享等重要因素，学生只是表现自我，没有真正地交流、讨论，更别说合作了。"当小组学习任务设计得很糟糕时，学生通常把更多的时间放在履行表面的程序上，而不是思考任务的意义。"究其原因，正是这种合作学习还停留在形式化的表面，并没有真正发挥出合作学习的优势，这是一些教师没有真正地领会合作学习的内涵和培养学生的合作技能所造成的。如果教师本身对合作学习没有正确的认识，就无法正确地指导学生进行合作学习。这样，合作学习作为一种学习方式而达不到预期的效果，将是徒劳无功、事与愿违的。可见，我们必须端正对合作学习的认识态度。

三、解决合作学习在语文教学中所遇问题的策略

上述问题的出现，反映出合作学习在语文教学中仍停留在形式化的表面，并没有发挥它特有的作用。合作学习在我国仍然处于试验阶段，它不管是对学生还是对老师来说，都是初步接触，肯定会有这样或那样的问题存在，有来自学生方面的，也有来自教师方面的。问题的关键是教师能否通过合作学习的研究，提出应对的策略去解决问题，从而最大限度地发挥合作学习的作用。

（一）教师要更新教育观念

更新教育观念是合作学习实施的关键所在。教师必须对合作学习内在的本质特征有深刻的认识，意识到合作学习教学在教学内容、教学环节上与传统教学存在本质上的差异，对教师在合作学习中的作用有足够的认识。只有这样，合作学习才不会走向误区。

《全日制义务教育语文课程标准（实验稿）》还提出了一些新的理念："以育人为本，促进学生的全面发展为本，重视培养学生的良好个性和健全的人格，明确学生是学习和发展的主体，强调关注学生的个体差异和不同的学习需求。"这就要看教师能否突破现有的思想框框，在注重学生的共性的同时，也注重学生的个性。教师的教育观念和教学方式的改变，将是学生学习方式改变的前提和保证。"教师是学习活动的引导者和组织者。教师应转变观念，更新

知识，不断提高自身的综合素养。"在合作学习中，教师不再以权威者、知识拥有者自居，而是以引导者、促进者和鼓励者的身份出现。教师应当放弃传统的"师道尊严"，成为班集体的一员，让自己有双重身份：既是教师，又是学生。在师生之间建立起广泛合作的渠道，在整个课堂中，使"教"与"学"的双方处于一种平等的地位。教师以参与者、合作者的身份提供必要的帮助和指导，把学习的主动权交给学生，使学生真正成为学习的主人。

（二）明确教师在合作学习中的作用

1. 帮助学生建立合适的学习小组

小组学习人数一般不宜太多，由4~6个学生组成。分组既要依据学生共同的兴趣、特长等个性，也要考虑学生的个性差异，让每个学生在小组中都能发挥独特作用，做到扬长避短，人尽其才。要确定每个小组成员的作用，明确分工，分别担任组长、记录员、资料员、报告员等，实行轮换制，如组长负责管理工作，记录员负责记录小组讨论的内容，资料员负责收集、筛选资料，报告员负责最后的成果汇报。

2. 设计课堂教学内容

教师讲课的内容直接关系到学生学习的成败。教师必须深入研究教材，明确教学的重点、难点和要达到的教学目标，因此，教师在课前要做大量的准备工作：合作什么？怎样合作？有哪几个环节？安排多少时间？这些都要设计好，想周全，做到胸有成竹，才能精心设计教学方法，但并不是所有的内容都要运用合作学习方法。教师应该设计好每个课堂教学环节，把握什么内容需要应用合作学习。课堂情况千变万化，教师不能拘泥于教案，必须从实际出发，灵活地使用合作学习方法。例如《草船借箭》一文中，有些内容比较简单，学生很容易理解，可以边读边讲，教师指导学生通过有感情地朗读理解课文内容即可，无须安排合作学习的方法，否则就成了形式。但是，如果要让学生探讨"课文中哪些地方反映诸葛亮的神机妙算？为什么草船借箭能够成功？"这些涉及全文重点、难点的问题时，仅靠学生的独立思考是难以理解的，这时就可以进行合作学习。

3. 参与课堂合作

学生在合作学习时，教师要深入到各个小组中，成为他们的一分子，了解合作情况，参与、指导讨论，以便做出评价和调整下一个教学环节。合作学习出现问题时，教师应及时进行干预和指导。虽然小组出现问题的原因和方式都不会相同，但教师如果事先在准备阶段做出问题预测，并采取一些相应措施，也能避免临时的手忙脚乱。当合作学习讨论偏离主题或讨论一时受阻时，教师应及时发现，及时制止，或为小组讨论提供及时的点拨，使小组讨论顺利开展。总之，教师要放手但不放任，相信学生但不失控，要扮演好顾问、参谋与合作者的角色。

（三）正确运用评价方式

评价是合作学习不可缺少的一环。失去了评价的良性制约，合作学习也将难以有效落实。因此，教师不能简单地认为合作学习结束了就什么也不做，评价这一环节绝不容忽视，应该形成合作学习的评价体系。组织学生合作学习，语文教师一定要注意评价的多元化。

1. 评价不仅要重视结果，也要强调对过程的评价，重视学生在合作过程中的多种体验与收获和多种能力的培养。

2. "尽量注重教师评价、学生自评与学生间互相评价相结合。"教师不可能关注研究的全过程，教师单方面的评价必然具有片面性，有些方面学生的自我评价更为客观、全面。"重视学生在学习过程中的自我评价和自我改进，使评价成为学生学会实践—反思，发现自我，欣赏别人的过程。"

3. 评价既要着眼于整个小组的评价，又要注意到个人在合作中发挥的具体作用及进步的幅度。如果缺乏对个人的评价，部分人不劳而获，就会影响另一部分同学继续合作学习的兴趣和积极性。

另外，对学生的评价，不是为了鉴定，更不是为了选拔，而是要给学生一种肯定，一种激励。为此，对学生进行评价时，应该尽可能地给予肯定性的评价，让学生体会到参与合作学习后，自己所取得的进步和成绩。例如在语文学习中，不管哪一位学生，只要是与自己的过去相比，语文能力有所提高，哪怕是一点点进步，也算是达到了教学目的，也要鼓励。

在我国，合作学习是一种崭新的教学形式，在语文教学中运用合作学习也是一种新的尝试，还有许多问题有待于继续深入探讨。因此，教师在运用合作学习的过程中，可以吸取更广泛的经验教训，采取更有效的措施，使合作学习发挥它的优势，创造有语文特色的合作学习。学生在合作中学会学习，在学习中学会合作，让合作学习渗透于语文教学中，最终提高学生学习语文的兴趣。

（该文发表于广东省教育厅主管刊物《广东教学》第1903期，刊号：CN44-0702/F；荣获广东省优秀论文评比一等奖）

发展学生个性，创新语文教学策略

教育是为了充分发挥人的潜能，展示人的个性，以促使社会和谐发展。语文教育要注意学生个体的差异，开发学生学习的潜能，发展学生个性。语文是一门基础学科。平时教学中，教师应大胆尝试各种教学方法，多渠道地培养学生的个性发展。

一、营造个性发展的良好氛围

1. 教师把课堂的主动权真正还给学生，真正打破过去教师"满堂灌"、学生"全堂听"的教学习惯。我们应充分认识到学生是学习的主人，是学习的探索者。苏霍姆林斯基说："我认为课堂上最重要的教育目的，就在于去点燃孩子们渴望知识的火花。"在教学中，教师应培养学生可贵的探求精神，多启发，多质疑，多创造，为学生自主学习、自主开展活动提供机会，有利于发挥学生潜在的个性和独创性。

2. 在教学中，教师要善于营造民主平等、宽松自由的气氛。教师要对学生多一点笑容，多一点信任，多一点宽松，要把尽可能多的时间和空间留给学生。语文课堂推崇真实，允许"实话实说"，鼓励争议；允许"自我表现"，倡导创新；允许"挑战权威"，激发想象；允许"异想天开"，要让语文课堂变成"任鸟飞"的蓝天、"任鱼跃"的大海。

二、自由选择伙伴

小组活动能培养学生的主动意识和合作意识。习惯上，小组的活动伙伴大多是由老师分配指定的，当然，这样可以体现一定的组织优势，但是如果教师放手，让学生根据具体的学习情况自主结对、自由结合，在寻求伙伴上给学生以尽可能多的选择权，学生将会学得更加积极主动，学习收效也更大。

习作课"水的表面张力"中，我就采用这一策略。在阅读实验步骤实施过程中，我让学生自由选择学习伙伴，三到五人一组做实验。学生们不一会儿就组成了一个个小组，兴致勃勃地做起了实验。擅长动手的，端来一杯水，并把一张吸水性强的纸巾铺在水面上，接着小心翼翼地轻放回旋针。而善于观察的，则不时将自己的发现告诉同伴："你们看，纸巾沉下去了！""快看！纸巾沉杯底了，回旋针浮在水面上！……"自主选择学习伙伴使他们体会到了小组合作学习的快乐，使课堂焕发出了活力。

三、允许学习方法的选择

学生是学习的主人。我们要尊重学生自己选择的学习方法。学生们所选择的学习方法有着鲜明的个性特征。如以背诵课文为例，有的同学喜欢抓住课文的重点词句来背诵；有的同学喜欢大声背；有的同学喜欢在心里背，不出声；还有的同学背的时候喜欢借助图画背诵……因而，在教学中，我们应鼓励学生选择适合自己的学习方法，绝不强求一致。

四、允许内容的选择

在教学中，教师在达成基本教学目标的前提下，允许学生根据自己的兴趣、爱好、特长选择学习内容。例如学习《草船借箭》时，我提问："诸葛亮在向周瑜立下军令状之前，就已经知道了什么？"这是一个问域很宽、思维强度颇大的问题，可以给学生以充分自主选择的权利。研读时，学生可以就知天文、识人心、晓事理中自己感兴趣的内容仔细探究，在小组内充分展示自己的理解、感受过程。交流时，允许学生挑选重点语句谈体会，如学生可以从"这时候大雾漫天，江上的人连面对面都看不清"体会孔明早已知道三天后有大雾，也可以从"诸葛亮笑着说：'雾这样大，曹操一定不敢派兵出来……'"来体会大雾的天气，以及他早就知道曹操的多疑、不敢派兵等。总之，在教学中，教师应当允许学生只挑自己喜欢的词句、段落慢慢品味；或只选择最令人感动、体会最深的一句话、几句话交流讨论；也容许学生选择有一定难度的段落挑战自己，以满足个人阅读的需要。由于学习内容都是自己感兴趣的，所以，学生学得饶有兴致，发言常常闪耀着创新思维的火花。

五、教会创新，读写结合

语文课本的每篇课文中，都蕴藏着丰富的对学生实施创新教育的资源。只要我们巧用教材，采用读写结合的方法，对学生进行创新思维的培养，就一定能有所收获。如指导学生进行仿写、改写、扩写、续写、拓展写、想象写等不同形式的具有创新性且富有个性色彩的写作练习活动，就一定能让学生的创造性思维能力得到培养，从而促进学生的个性发展。

六、结合作文教学

在作文教学中，我们只有充分发挥学生的个体差异性，才能更好地发展学生在写作方面的个性。新课程标准要求学生能把自己的所见、所闻、感受和想象写出来。可见，学生能表达自己思想的语言就是学生的个性语言。而语言表达和观察思维、想象等智力活动有着十分密切的关系。

学生都在以自己的方式观察、思考、想象，同是观察，有的喜欢着眼于整体观察，把握整体特征；有的乐于观察局部，但对细微之处也不轻易放过。因此，教师在指导学生进行观察、思维、想象等智力活动时，既要教学生一般的智力活动方法，如观察，一般要按从整体到局部的顺序，同时也要细心保护学生的智力活动的天然个性。在教学中，教师应允许并鼓励学生使用自己喜欢的方法学习，使个性认识也得到培育。五、六年级的学生，他们的主观意识及自我支配意识逐渐强烈起来。他们已有了一些见解与认识。所以，我在作文教学中，并不给学生太多的指导，也从不为他们范写例文，而是搭好文章的结构框架，教给他们一些最基本的观察方法及写作要领，其余就是让他们自己去观察，去思考，自由发挥想象和创作。这样学生写出来的文章都是不同的，都带有自己的个性语言。虽然有的学生写得并不好，甚至有的内容是不完整、不合理的，但却有着一些独特的、别人没有的见解，只要加以修改，肯定能成为优秀的作文。记得在一篇描写植物的作文中，许多人都写了松树，但却各自不同，有的着重于松树强壮的生命力，有的则更爱松树自我牺牲的精神。

同时，我在作文题材上放宽要求，让学生写自己熟悉的事、喜欢的人或物，让学生在写作时充分展开想象，写出自己的个性。

　　总之，教师不替学生说学生自己能说的话，不替学生做学生自己能做的事，学生能讲明白的知识尽可能让学生自己讲。只要教育者给学生充分提供表现、思考、研究、创造的机会，给学生自主选择的权利，正确对待每一个学生的发展潜能，相信人人都能成才。作为一名语文教师，我们应不断地在这方面进行研究与探索。

激发自主学习，提高课堂教学质量

　　一直以来，作为现代专业化小学语文教师，核心使命就是思考如何合理、有效地改善课堂教学实效。实际上，想要愈加合理地改善当前我国小学语文教学实效，最为重要的途径就是激发小学生自主学习欲望，只有在一定程度上激发学生学习兴趣和主观能动性，才能达到事半功倍的教学目标。所以，教师要定期接受更高层次的专业技能训练和职业道德素质培训活动。同时，以课堂为基础，通过多元化教学引导情境设置，吸引学生注意力并顺利改善课堂教学效果。

一、当前我国小学语文课堂教学低效现象

1. 教学目标设置模糊带来的低效问题

　　新课改方针对于小学语文课堂教学目标提出更为严格的规范及要求，即要求教师在顺利完成学生基础语文知识灌输和技能培训目标的前提条件下，引导该类群体树立起完善标准化的价值、态度和情感体系。这便是当代小学语文课堂教学必备的基本目标，需要教师竭尽全力予以同步实现，而不允许任何维度目标的忽视或是倾斜。

2. 教学和学习行为转变流于形式引发的低效状况

结合以往实践经验整理论证，我国许多区域小学语文教师在开展自身教学行为和学生学习模式转变过程中，都有严重的作秀嫌疑。单纯通过教师教学行为角度观察审视，八成以上的课堂合作教学活动在组织过程中，都存在如分工不够明确、教师不够认真等问题。长此以往，只会令课堂秩序愈加紊乱，最终无法锻炼出学生可靠的合作意识和实践应用技能。

3. 教学设计盲目追求新意而脱离文本内容产生的低效危机

大部分小学语文教师，在课堂教学过程中为了凸显创新精神，针对教学引导方案进行漫无边际的创新整改。如部分教师为了贯彻新课改方针下学生情感、态度和价值观念的完善目标，结合多媒体技术进行各类情境创设，令学生在课堂之中自由地倾听、观察、阅读、歌唱、绘画，多动状况极为普遍，几乎完全脱离了文本内容。试想，小学语文课堂教学的核心使命，始终是锻炼学生基础性的听说读写技能，如若情境和活动设置冗杂，教学便毫无重点可言，那么便失去了教育价值和意义。另外，有些教师图方便，直接进行关键知识点提炼并督促学生机械地进行背诵练习，教学设计行为和学习模式未免过于简易，这势必全面削弱学生自主学习语文知识的积极主动性，最终取得的教学效果仍旧不理想。

二、新时代下提升小学语文课堂教学实效性的具体举措

1. 制定完善的教学目标

制定健全且可靠的教学目标，是改善小学语文课堂教学实效性的前提和保障。具体来讲，就是要求教师在全面加强对学生语文知识掌握状况的关注的基础上，通过不同途径锻炼学生的思维创新和

实践应用技能。与此同时，对部分教学目标的制定要注意对结构层次的清晰划分，即教师要结合学生既有的认知结构、学习动机差异状况，制定富有针对性的教学目标。

如在《芦叶船》课题的教学目标设计过程中，教师有必要预先做好以下准备工作。

首先，借助不同方案来引导学生进行课文通读和精读，在此基础上带领学生到自然环境中去体会和感悟，达到体验生活和陶冶情操的目的。

其次，要积极引导学生对周围的事物进行细致观察，在阅读课文的基础上做到充分地联想和想象，并厘清文本主旨和核心方向。

最后，为了保证教学目标制定得愈加清晰和精准化，教师需要视学生特点和现状，提出相对应的规范要求，讲述作者的童心，向学生传递河道、芦叶等优美景色，使学生深刻体会到江南水乡孩子的生活风貌，体会作者对童年生活的深深眷恋和怀念。

2. 加强对精讲和精练的重视力度

课堂是一切教学活动规划布置的核心阵地，不管是小学语文知识点的灌输，还是阅读分析和写作技能的训练等，都必然在课堂内进行。因此，教师必须深入思索究竟如何在有限的课堂教学时间内，投入适当的精力并获取较为理想的教学效果。想要贯彻这类目标，就必须做好精讲和精练。

第一，精讲方面。要求教师在客观认识学生实力和质素基础上，结合既有教学资源进行丰富的引导情境设置，借此激发学生深入性的学习兴致；随后给予学生充分的独立阅读和感悟时间、空间条件。与此同时，确保在学生思维出现紊乱时及时予以指导，进一步鼓励学生结合一系列重点问题开展深入性探索交流。在鼓励学生自学的基础上，将所有成员学习状况予以客观性评价和清晰化展示。需要加以强调的是，在实际交流探究期间，教师要尽量鼓励学生合理地质疑，换句话说，就是在确保学生全方位表达个人感受之余，教师需结合教学重点和难点等加以适当疏导。

第二，精练方面。督促教师针对作业量加以精细化筛选和设计，保证发挥出作业应有的针对性，满足不同学生在作业量和难易程度方面的要求，深度激发各项潜质，为他们今后身心健全发展奠定基础。另外，尽量保证作业都能够在课内完成，辅助学生高效率汲取、消化各类知识点。教师还有必要在课后针对学生完成的作业内容加以精细化批改，保证实时掌握学生学习动态，结合学生学习语文课程中的共性和个性问题，制订愈加科学妥善的教学引导和训练实践方案。

三、深入钻研教材，鼓励教师适当地进行换位思考

第一，课前保证准备充分。督促教师在深入理解教材编写动机的前提下，对相关课文内容进行深入挖掘，保证学生在预习阶段就可以掌握基础知识。另外，要求教师养成换位思考的良好习惯，能够站在学生立场思考他们想要什么，喜欢如何去学等。之后进行教学方案二次修改设计，如此便可保证在课堂教学中贯彻自然调控的目标。

第二，课中讲解要在最大限度上做到形象生动。在课堂教学期间，教师要遵循小学生的认知规律，进行教学引导流程人性化调控。实际上就是要求教师结合小学生思维特征，在课堂上进行各类生动有趣的问题情境设置，全面活跃学生思维并且使他们迸发出更多的智慧火花。

　　综上所述，在新课改方针推广之际，小学语文课堂教学遭遇各类挑战。作为现代专业化小学语文教师，理应持续参加各类培训活动，并进行深入的实践反思。相信长此以往，势必能够大幅度提升教师的专业技能和综合素养，进一步改善现代小学语文课堂教学的实效。

创设生活情境，搭建口语交际平台

　　小学语文口语交际课属语文教材单元百花园"三环"学习内容的第二环（第一环为"温故知新"，第三环为"习作"），它最大的特点就是采用口语进行交流学习。受传统教学课型的影响，精读课、略读课、练习课和作文课一直雄踞语文教材的大半江山，常常是各大公开课、示范课的"座上宾"。而处于百花园一隅本应高大上的"语文大课堂"——口语交际，却常常被大家忽略，几乎成了拉教学进度可有可无的"小矮人"。市教研室赵老师指导成立的局直属小学语文校际教研联动小组，以口语交际课的有效教学为研究对象，组织开展了口语交际课研讨赛课，这是对语文大课堂的重新审视，也是回归语文教学本真的生动体现。三个赛课区20余节口语交际课，我有幸观摩学习了其中16节，参与行动研讨了本校1节推选课，并得以在名师工作室教研中参与相关主题研讨，反思良多，受益匪浅。愚认为，小学语文口语交际课的有效实施，需从以下三方面努力。

一、口语对话，为口语交际找准基调

　　一节合格的口语交际课，并非要求课堂精彩纷呈，纲举目张，而更注重学生敢于开口，懂得口语对话，畅所欲言。而开放互动的课堂，又怎能以有条不紊、词清句晰的标准去衡量呢？1964年，叶圣陶在《语文教育书简》中说："口头为'语'，书面为'文'，文本于语，不可偏指，故合言之。"简言之，从表达方式看，"口语语体"偏向于日常生活通俗常用，"书面语体"则偏向书面交际使用，它们具有不同的语言风格特征。

例如，我校的推选课，在初始试课时，钟老师设计了如下情境。

"同学们，这节课我们一起来述说发生在我们班里的故事。请大家齐读课题，思考这个标题的关键词是什么。"也许是第一次试课，老师说话时表情也显得严肃一点。

我发现二年级学生互相瞪了一下眼，后来举手回答的也寥寥无几。这里，我分析，一方面是学生平时积累的班级"故事"内容不多；另一方面也许就是老师表达的问题。问题中的"述说""思考""关键词"，对于二年级学生而言，似乎有点拔高，也不符合口语化。既然是口语交际，建议把上述词语改为"讲讲""想一想""主要词语"更为妥当。整句表达就成了"同学们，这节课咱们一起来讲讲发生在咱们班里的故事。请大家齐读课题，想一想这个标题的主要词语是什么。"这样就显得更加通俗、亲切，容易一开始就拉近师生之间的距离。

相反，某校李老师的《鳄鱼交朋友》的口语创设，就别有激趣作用。

师：同学们坐得真精神！喜欢听故事吗？（生：喜欢）

师：那请竖起耳朵来认真听。（播放课件，老师讲故事）

简单明了的两句口语交流，马上激发起学生的兴趣，拉近了与学生的距离，为整节口语课定下口语化的基调。

二、创设情境，为口语交际搭建平台

河南南阳理工学院朱一华教授说过："口语训练不仅要体现出双向互动的口语特点，更要精心创设符合生活实际的交际情境，激发学生口语交际的热情。"

赵老师在评课中也多次强调："口语交际是听与说双方互动的过程，教学活动主要应在具体的交际情境中进行，不宜采用大量讲授口语交际的原则、要领的方式。"

由此可见，口语交际课中，创设情境是多么的重要和必要。离开了情境的口语交际是毫无意义的。

回到我们的真实课堂中，某校一名老师也是教学《讲述我们班的故事》，他一上课没多久，就抛出了闯关问题。

1. 第一关，确定故事内容。

请同学们先想一想，打算讲什么故事。同桌轻声交流一下。

2. 简单讲一件事：（什么时候，有谁参与，发生什么故事？）提问个别同学，然后小组开火车用一两句话讲一件事。

我就在台下纳闷，"是否学生都是提前准备好故事的？怎么老师一发问，学生就懂得去想、去思考得出班级的故事了呢？"要知道，课堂上我们不是要展示学生准备故事的能力，而是要培养学生学会发现和概括故事的能力。

因此，上述环节是否可以设计为：同学们，你们谁能上前来，表演一个平时发生在班里的故事？

这时，平日班里那些激动的"表演者"就会跃跃欲试，各尽所能。紧接着让学生去说，去评，交流起来一定会更加生动真实。

这就是情境创设的作用，它可以使原本被遗忘的生活细节再现，可以使学生对话交流的热情骤然提升。

在《鳄鱼交朋友》一课中，李老师则非常注重情境的创设。例如，她为了激发起学生对鳄鱼的兴趣，课前就创设了一个鳄鱼很想与长颈鹿交朋友的情节："鳄鱼走在回家的路上，看见一座天桥，灵机一动，想：长颈鹿喜欢骑自行车，那我就骑自行车在天桥上表演特技，这下，她肯定会注意到我。于是，鳄鱼去买了一辆自行车，用了几天的时间来练习在自行车上表演特技。练习好了，他满怀希望地、信心满满地上天桥表演起特技来了……可惜，长颈鹿的好朋友，当时正在对长颈鹿说着很重要的事情，她根本没看到鳄鱼表演什么特技。鳄鱼失望极了，他伤心地走在回家的路上……"

"故事到这里，你们觉得鳄鱼会半途而废吗？"（不会），"接下来他会怎么做呢？"

这些都是极大地激发学生进一步思考和为鳄鱼想办法的生动情境。课堂实效证明，这些情境的创设非常有效，学生的大脑、嗓门都一下子被激活了！

三、贴近生活，为口语交际提供素材

《义务教育语文课程标准（2011年版）》指出，口语交际"应努力选择贴近生活的话题"。只有自身感兴趣，进而愿说，有话可说，才有可能说好。我想，日常生活就是一个为口语交际准备的大课堂，生活事例就是课堂中真实的案例情境，无须创设，没有彩排，只有直播。

赵初红老师在比赛结束后的精彩点评中提道："口语交际课重要的原则、要领，不外乎着力选择贴近生活的话题，并相应地采取灵活的形式组织教学。"

的确，离开了生活，口语交际就是无源之水、无本之木。

例如，某校陈老师上的《谈谈名家笔下的人物》一课，在交流《三国演义》诸葛亮与司马懿之间"空城计"惊险的一幕时，大家都在感叹诸葛亮的神机妙算，运筹帷幄，决胜千里，有个学生就结合实例，谈了自己乡下奶奶家的院子里种了一棵高大的龙眼树：有一年放暑假回老家，树上长满了又大又圆的龙眼，看得大家口水直流，而此时奶奶有急事带自己出去，大门敞开着，竟然也无人敢进来摘龙眼。这就是生活实例，学生敢于结合实际说话，值得肯定。

同样，李老师上的《鳄鱼交朋友》一课之所以成功，亦得益于交流内容建立在生活认识的基础之上。例如：

师：不过，鳄鱼的两次尝试都失败了。那接下来，鳄鱼应该怎么办呢？大家快来帮我想想办法，给我出一个巧妙的主意，好吗？

生：写信（又传统又很能表达诚意的想法，真好，谢谢！）

/送花（多浪漫的想法啊！长颈鹿一定会喜欢的，谢谢你！）

/打电话（这么简单的方法我怎么想不到呢，谢谢！）

/送礼物（投其所好是个不错的主意，谢谢你的提醒！）

师补充：

/发邮件（呵呵，我可是个电脑高手！谢谢！）

/骑着白马去送花（这想法太有意思了！哈哈，我都变成骑白马的鳄鱼王子了）/在天桥上唱歌（嘻嘻，你还别说，我的歌喉可是不错的呢！）

可见，这些都是李老师善于利用生活素材经验的有益体现，都是建立在学生真实生活基础上的回答，所以学生有丰富的生活素材，言之有物，言之有趣。

综上所述，经过口语交际课的一番角逐研讨之后，我们充分认识到，口语交际课不应是常常被大家忽略、为拉教学进度可有可无的"小矮人"，而应是各大公开课、示范课的"座上宾"。因此，一节口语交际课，只要能做到注重口语对话，把好交际基调，再创设适当的交流情境，搭建好交际平台，并且注重贴近日常生活的引导交流，那么就能拿捏自然，有实效，更出彩。

（本文发表于《师道·教研》2019年第8期，总第334期，刊号：国际ISSN1672-2655，国内CN44-1299/G4；荣获2017年茂名市小学语文口语交际教学反思论文评选一等奖）

坚持以生为本，构建语文高效课堂

坚持以生为本，充分调动学生的积极性，让学生成为学习的真正主人，是优化课堂教学、提高语文课堂效率的关键，也是深化课堂教学改革的必然选择。近年来，我校大力推行课堂教学改革，老师们越来越重视学生的主体地位，充分发挥学生在课堂中的主体作用，让学生主动地读、说、思、究，自觉参与到教学过程中来，在教师的引导帮助下掌握知识，培养能力，发展个性。

一、以生为本，创设情境，激发兴趣

"兴趣是学习最好的老师。"兴趣是推动学生主动学习、积极思考、探索知识的推动器。教师可以充分运用多媒体，直观形象、生动有趣地创设情境，激发学生的学习动机，使学生产生一种渴望学习的冲动。

学生是学习的主人，课堂是学生学习的天地。因此，在教学中应该创设让全体学生都动起来、学起来的教学环节，体现一个"趣"字，充分调动学生的积极性。浓厚的兴趣如磁铁般吸引学生的注意力、思考力、想象力，驱使他们主动思考、主动探究。因此，课堂教学应充分挖掘这一有利因素，把认知与锻炼能力有机融入生动形象的活动中，学生的主体意识就会在兴趣中得到强化，学习效果就会在兴趣中显现，学习能力就会在学习中形成。例如，在教学《将相和》时，我首先创设了一个故事情境："请问有谁知道和氏璧名字来历的故事？"孩子们面面相觑，引起了好奇心和探究欲望。一个男生兴奋地站起来说故事，但并不完整，我适时补充："春秋时期，楚国有个叫作卞和的人在荆山中捡到一块璞玉。他欣喜若狂地捧着这块璞石献给楚厉王，厉王让玉工来查看，玉工认为这只是块普通的石头。卞和被处以欺君之罪砍去左脚。楚厉王去世后，楚武王即位，卞和又去献玉，武王的玉工仍然认为这只是块普通的石头，卞和被砍去了右脚。到了楚文王的时候，卞和抱着这块玉，在荆山下哭了三天三夜，哭干眼泪后，哭出了血。文王得知后，便命工匠将玉石上面的岩石去掉，果然得到了一块玲珑剔透的玉，雕琢成璧后，将其命名为和氏璧。""这块谁都想得到的无价之宝引出了什么故事呢？"这个故事情境的创设，立即引起了学生浓厚的学习兴趣，迅速把学生的注意力集中到课堂上来。

有了故事情境的引路，教学理解课文就容易多了。这时，我在音乐中让孩子们动情地朗读了全文，孩子们自然而然地找到课文中的三个小故事，了解了三个小故事既独立又紧密联系的关系，从而构成了大故事《将相和》。接着，我又把孩子们带到插图中，顿时，孩子们都打开了话匣子，纷纷发表看法，评价文中的人物。学生们很快融入其中，尽情地读，尽情地表演，尽情地议，尽情地分享，脸上都洋溢着兴奋、喜悦，课堂气氛达到了高潮。最后，我让学生们辩论：蔺相如和廉颇谁的功劳大？直到下课铃声响起，学生们还意犹未尽，我给他们的童年留下了灿烂的一页。学生在这种主动参与学习的过程中，既提高了语言表达能力，同时又激活了思维，充分发展了自己的个性，从而调动了学习语文的积极性。由此，教师真正把"让学生成为学习的主人"这一课堂教学的主题策略落到了实处。

再如讲《奴隶英雄》一课时，我先让学生观看8分钟斯巴达克1960年版的视频，把学生带回到两千多年前罗马城里的斗兽场上。短短几分钟的视频，生动、直观地再现了课文内容：角斗士在两千多前的奴隶制社会中命运悲惨，被奴隶主强迫手握利剑、匕首，两两相斗，或者是与饥饿的野兽格斗，以此让奴隶主观赏取乐，奴隶在斯巴达克的启发下起来反抗。老师不需要多讲解，学生就已经了解了课文内容，在情感上与作者有了共鸣，奴隶贵族是多么的冷酷无情，多么的罪恶，在黑暗的奴隶社会里，奴隶根本就没有活路。这时，我又在音乐声中，和学生一起分角色感情充沛地朗读剧本，让学生回到文本，最后让学生表演课文剧本，加深对课文内容的理解。下课铃声响了，兴趣盎然的孩子们惊叹："这么快就下课了？"一节课下来，我讲得轻松，孩子们学得愉快，而且课堂效果特别好。相信这节课会牢牢地印在孩子们的脑海里。

二、以生为本，积极参与，合作探究

新课程标准倡导"自主、合作、探究的学习模式"，小组合作学习的生生互动把学生由传统班级教学中单纯的旁观者，转变为课堂学习的积极参与者，同时让学生能聆听别人的发言，能对别人的意见做出评价，并且能通过集思广益形成自己的观点，"三个臭皮匠，胜过一个诸葛亮"，增强与人合作的意识，培养与人合作的能力。小组合作学习也为学生提供了更多的练习口头表达能力的机会，学会用清晰的语言阐述自己的观点。学生的自主性越强，积极性越高，个性就越能充分发挥出来，课堂效率就越高。例如，在教学《开国大典》时，我精心设计了几个小组合作学习的环节。在朗读课文要求背诵的第七自然段时，我设计了各种形式的读：可以个别读、大家齐读、比赛读、轮流读、背诵读。这中间如果有谁读错了或者读得不够深刻，组员会立即帮助他纠正。这样每一个学生都积极地参与到学习中，充分调动了学生的学习积极性。

三、以生为本，自主质疑，发展能力

教学的根本，就是充分发挥学生的学习主体地位，让学生能当家作主，提高学习的能力，而不是由教师"牵"或"扶"。角色调转了，学生主动参与的积极性被激活了。事实上，只有在教学中坚持"以生为本"，确立学生的主体地位，才能发挥课堂的高效性。

波利亚曾说过，学习任何知识的最佳途径都是由学生自己去发现。教学中，教师根据学生的性格特点和学习规律创设条件，引导学生利用已掌握的知识和生活经验，自主去发现新问题，探索新知识，并组织学生合作、探究，给学生创造主动参与的机会，既能调动学生学习的积极性，发挥学生之间的互补作用，又能活跃课堂气氛，学生有机会多参与讨论、发表意见，是自主学习的表现。

思维从质疑开始。学起于思，思源于疑。质疑可以使教师有的放矢，可以促进学生主动探究，可以激活学生的思维。对于学生的质疑，无论是课前预习性质疑、课中深入学习性质疑，还是课后回顾延伸性质疑等，教师的态度都应该是：提倡、鼓励、引导。通过提倡、鼓励，学生从不敢提问到"敢于"提问，积极提问；通过引导，学生逐步做到"善于"质疑。在解疑中打破教师包办的局面，可启发学生相互解疑，可引导学生自己解疑。学生在学习过程中不

断发现问题，对学习才有兴趣，才会主动，才会产生求知欲望，进而解决疑难，获取知识，不断取得进步。

以生为本，我在课堂上给学生留出充足时间，让学生去思考、去讨论、去巩固，让学生真正地"动"起来。同时，我敢于放手，课文让学生看，问题让学生提，疑难让学生议，规律让学生找，中心让学生归纳，充分调动学生的主动性、独立性、创造性、多样性。孩子们都很喜欢这样的课堂，明显地提高了课堂效率。

四、以生为本，妙用非智力因素，激活课堂

非智力因素是动机、兴趣、情感、意志、性格等心理特征的总称。如果说智力因素是人们认识客观事物的工作系统，那么非智力因素就是人们认识客观事物的动力系统。在教学中，非智力因素的动力作用对于促进学生学习能力的形成、智力的发展有着非常重要的意义。因此，促进学生主动发展的教学策略把激发学生的非智力因素放在首位，重点开发学生较强的学习动机，激发浓厚的学习兴趣，养成顽强的学习意志和良好的学习习惯。首先，妙用肯定和奖励的评价方法，能使课堂"活"起来。因为奖励具有促进的力量，促使学生努力向前，让学生发现自己学习上的进步，不断获得学习预期的满足。其次，妙用竞争方法，也能使课堂教学"活"起来。因为适度的竞争有助于激发学习热情，可以采取自己和自己竞赛的方法，即争取今天的学习要比昨天好，不必和别人比，只求自己的进步；也可以暗中选某一同学为目标，在学习上同他比赛；还可以采取集体竞争的方法，班与班、组与组之间开展竞争，在竞争中激发互帮互学的团结协作精神，这样可以最大限度地减少竞争所带来的负面影响。这个学期，我班有50名学生，我把孩子们分成10个小

组，小组和小组之间启动竞争奖励机制，并取得了显著的效果。最后，妙用情感因素，同样能使课堂"活"起来，同时加强了班级的凝聚力，让学生在班集体中彼此尊重、共享快乐，从而真正满足主体的最大需要。

事实证明，只有正确处理好教与学的关系，变过去教师的讲、学生的听为教师的导、学生的学，遵循自主学习的原则，在教学过程中真正做到以生为本，才能有效地提高课堂效率，充分发挥学生学习的能动性、自主性、创造性这三大主体性要素，进一步发掘他们的潜能，提高学生的综合素质，素质教育才能最终落到实处，小学语文高效课堂改革才能不断深化，真正构建高效课堂。

加强师生对话，构建生命活力课堂

巴赫金认为："人类只有依托语言或话语才能生存、思考与交流。人类情感的表达、理性的思考乃至任何一种形式的存在，都必须以语言或话语的不断沟通为基础。""单一的声音，什么也归结不了，什么也解决不了。两个声音才是生命的最低条件、生存的最低条件。"可见，对话的重要性，在教育教学中，课堂的核心则是生命体的对话，具体由学生、教师、教材或教材所代表的课程这三个生命体组成，其中师生对话最为重要。

一、师生课堂对话困难的现状

在实际的小学课堂教学中，情况不尽如人意，诸如"满堂问""自问自答，自导自演""沉默是金"等"病态对话"现象随处可见。这偏离了对话教学的方向，限制了对话教学的功能，不利于良好师生关系的建立，甚至影响了小学生的身心健康发展。师生对话为什么越来越难？

1. 学校教育的困境

这明显表现在学生数量过于庞大。随着人口增长，走进小学教室，目之所及，挨挨挤挤坐满了学生，加之目前学校教育普遍采用传统的班级教学，一位教师常常要面对几十甚至上百个学生，这就在客观上导致教师不能关注到每个学生，更不用说与之展开和谐的师生对话了。

2. 应试教育的阻碍

现代社会观念使教育这片纯洁的土地也难免沾染上功利的色彩，在这种功利性的大环境下，教师如何能静下心来，创造和谐的环境，促使师生间进行行之有效的对话？应试功利目的很明显地淡化了师生平等对话的兴趣与冲动。

3. 传统教育理念的负面影响

当前，我国"教师中心"的师生关系模式仍随处可见。这是受了赫尔巴特的传统教育观念、苏联凯洛夫的教育思想以及科技理性至上主义的直接影响。如赫尔巴特以教学来取代复杂的教育过程，没有考虑到社会环境的影响和情绪在道德教育中的意义，具有机械性的倾向。随着这种"权威式课堂"的深入影响，出现了被动型师生关系，学生成为课堂上不假思索的全盘接收者，毫无对话可言，这样的教育，使小学生失去独立性而成为"应声虫"，从而使师生关系异化为"工具"或"手段"的关系，成为人性失落的师生关系生长的土壤。

4. 课堂对话的内在复杂性

这也是最主要也是最复杂的原因，对话是精神性的，指向人自身存在的价值与意义，由此也就决定了其内在的复杂性。师生平等对话，要求师生与现实功利生活保持一定的距离，不为学而学，不为考而考，对话时注重过程而非结果；要求师生有真诚的心和平等的态度，教师不高高在上，学生不全盘接受；还要求师生有独立存在的自我，不唯唯诺诺，不人云亦云……精神的复杂性和对话的条件性，说明了师生对话的内在困难。戴维·伯姆也认为，对话不同于辩论，"在对话过程中，没有人试图去赢"，"它追求的结果是一赢俱赢"，亦即"双赢"。因此，对话是一种建立在平等基础上的主体性关系，这也决定了师生对话的复杂性，在课堂中，要想追求戴维·伯姆所说的"不求胜负"的境界，确实是有困难的。

二、师生平等对话的策略

尽管当前课堂对话存在困难，但如果能采取相应的策略，如深入熟识和理解对话教学的本质属性，则可达到师生对话的平衡境界。要做到教师、学生、文本三者合一，需从以下几方面来努力。

1. 丰富多元，安排对话

弗莱雷认为，"教师不应只是知识的传递者，而更应成为问题的提问者"。因此，在体现平等对话的课堂中，教师要相信学生和自己一样是课堂生活重要的参与者，课堂的一切生活都是在师生共同协作的基础上来促进学生的发展，在这种课堂定义中，教师和学生都是课堂生活的主体，学生具有与教师平等的地位，课堂气氛更融洽。为此，教师设置的对话话题应该体现多面性，能更好地引起学生共鸣。良好的对话应具备以下特征。

科学性。对话要符合学生的身心发展特点，适应学生的认知水平，密切联系学生的经验世界和生活世界，使他们有话可说。空中楼阁的话题，只会使师生对话难以进行下去。

趣味性。对话要适应学生求新、求异、求奇的心理，善于标新立异、另辟蹊径，激发起学生对话、交流、探究的兴趣。

综合性。对话要注意语文知识的整体及语文学科与其他学科知识的综合，培养学生综合、创造性地运用所学知识解决问题的能力。

开放性。语文与生活同在，语文教师应有大语文观，话题的设置不能仅囿于语文教材，而应在生活的海洋中撷取，给学生留有发挥和拓展的空间。

启发性。话题的设置要能开发学生的思维，激发学生的联想和想象，使他们在思考和对话中闪现出智慧的火花。

时代性。话题要体现时代特点和现代意识，关注人类，关注自然，关注文化，培养学生正确的世界观、价值观和人生观，让概念渗透到教学内容中。

2. 研读文本，巧设对话

对话的核心是问题，没有问题就没有对话。课前，教师必须先吃透教材，深入理解教材，并结合教学目标和教学重难点，对教材中出现的学生可能会遇到的问题进行深入细致的分析，选准最佳突破点，激发学生积极思考。教师应运用教育智慧，巧妙提出对话问题。当教师提出话题时，要善于向外"推"，将问题抛给学生，让学生积极参与到解决问题的情境中。

在古诗《示儿》教学中，学生在理解了第一、二句古诗意思之后，就可以转到第三、四句的教学中去了。教师是这样引导学生从文本层面延伸到思想层面上的。

师：陆游临终前，最在乎的是什么？

生：国家平定。

师：请你用诗中句子告诉我。

生：但悲不见九州同。

师：诗中哪个字最能表现他的心情？

生：悲。

师：老百姓们在战争中，颠沛流离，妻离子散，像陆游这样的爱国志士悲痛交加，可是，统治者们、国家的军队都去哪里了？他们都在干些什么？（出示《题临安邸》插图）请看，这些权贵都在干些什么？用一个四字词语形容。

生A：醉生梦死。

生B：寻欢作乐。

师：此情此景，你的心情如何？

生A：愤怒。

生B：悲愤。

师：很好！你们已经明白了陆游的心情，让我们怀着悲愤的心情朗读第一、二句诗。

顺着问题，教师出其不意地设置问题，效果非同一般，不仅把学生的注意力重新吸引过来，还通过课外的延伸，引领学生在思想感情层面上辨析诗人的所思所想。课堂教学是动态的，教师就该以变应变，根据变化的情形及时做出判断，灵活调整教学策略，将教学不断引向深入。

久而久之，学生就会掌握提出问题的方法，知道该从文本的什么地方入手找出最有价值、最值得交流讨论的问题。当学生自发生成话题时，教师要"顺"，顺应学生的需求，解决学生的问题，但要紧扣文本。当师生共同产生话题时，教师要"引"。每堂课都会有特定的教学目标，文本也会有一定的中心思想。虽然师生对话倡导生成、非预设，但关键还是要围绕文本，引导学生不能脱离文本而对话，养成善于提出问题的良好习惯。

3. 正面评价，鼓励对话

处于小学阶段的学生，尤其是低年段的学生，尚处于被动学习阶段，学习能力有限。同时，学生个体也有差异，接受新知能力不同，速度有差异，课堂上，对老师提问的反应各不相同。学习优秀的学生，学习效率高，针对老师的问题会做出相应的回答。再加上一节课的时间有限，与其耽误时间，老师更愿意让优生回答问题，于是便出现了优生"表演式的对话"。而那些反应稍显迟钝、接受能力稍差和相对内向的学生则很少被提问，有些学生甚至沦为观众。每个人都希望得到别人的赞扬，小学生也是一样，教师应多提醒自己，对学生多点耐心，善于引导学生回答问题，尊重学生的任何一点成果，这也是对学生一种无形的鞭策。罗森塔尔和雅各布逊等人的研究结果表明：教师对学生的爱、关怀和期待在教育效果上能产生良好作用。在充分了解学生的学习特点之后，教师要做到因材施问，设计相对应的问题，让表扬和鼓励成为学生走向成功的催化剂。因此，在对话教学中，教师给学生合理期望和肯定性评价，能激活学生的对话意识和勇于质询的品格。需要注意的是，在对话中，教师的评价应起到承上启下的作用，既要指出学生的失误与偏差，又要继续调动学生参与对话教学的意识与信心，既不能一味肯定，也不能一味否定。

虽说教师在专业知识和社会阅历方面都在学生之上，但作为一个和学生同样有着求知欲的成年学习者，教师同时也是学生的伙伴和真诚的朋友，在倾听学生言谈的过程中，学生的见解和来自学生的生活经验直接或间接地作为个人独特的精神展现在教师面前，这对教师来说，同样是一份独特而宝贵的精神收获。平等的师生对话关系正应如此：你不再是我的经验物、利用物，我也不再高高凌驾于你之上。我和你都是怀着平等的意识，通过对话臻于一种经由相互交融而达到的新的境界：我走向你，你走向我，你成了新的我，我成了新的你。这种关系下的课堂教学过程，对师生双方来说，都是一种"共享"。

　　当然，在师生对话过程中，有时候，学生的见解会比教师更加全面。在这种情况下，教师首先要能够放下"师道尊严"的面子，勇于向学生请教，乐于以朋友的身份在课堂上和学生平等讨论，并虚心地吸取学生观点中的合理因素。对学生来说，这本身也是一种民主精神的体现，也为今后师生的平等对话打下更坚实的基础。

创设情境互动，提升口语交际能力

《义务教育语文课程标准（2011年版）》指出，口语交际是听与说双方的互动过程。教学活动主要应在具体的交际情境中进行，不宜采用大量讲授口语交际原则、要领的方式。应努力选择贴近生活的话题，采用灵活的形式组织教学。

"双向互动"是口语交际的主要特点，它的核心是"交际"，更加注重培养学生的聆听能力、表达能力、交往能力和思维能力。要上好口语交际课，需要执教老师树立"回归真实的生活"的口语交际教学观，不断地思考并完善教学中的每一个环节，于无声处点拨，激发学生的交际兴趣，调动学生全面参与，在轻松愉悦的交际氛围中得到训练，能力得以提升。

口语交际要培养学生善于倾听、乐于交流，学会表达和应对的能力，下面我就以《我的班级故事》为例，谈谈小学中年级口语交际的教学策略。

一、话题贴近生活，学生有话可说

《义务教育语文课程标准（2011年版）》指出，口语交际教学"应努力选择贴近生活的话题，采用灵活的形式组织教学"。这就要求口语教学要走进学生的生活，唤起学生的情感记忆，结合自己的生活经验，进而产生表达的欲望。如"道歉""劝说""打电话""学会安慰"等话题贴近学生的生活，学生感到亲切，很熟悉，能激发学生倾吐和交流的欲望，学生才会有话可说。

小学中年段的学生，相处在一起已经几年了，在一起生活、一起学习、一起游戏，每天都在上演着各种各样的故事；他们又喜欢听故事、讲故事，并且已经具备一定的口语交际能力，能比较清楚、明白地讲述自己的所见、所闻、所感。因此，"故事类"的交际话题是最受学生欢迎的，也是学生最感兴趣的。例如《我的班级故事》这个话题来源于生活，贴近学生的生活，学生想说、有话可说。学生说起自己的班级故事，是滔滔不绝的。话题只有贴近生活，学生才有话可说。

二、目标明确集中，学生学有所获

《我的班级故事》上课的对象是四年级下学期的学生。他们的思维能力、语言表达能力相对低年级学生来说，都有了较大的提高，能够清楚完整地讲述故事，具备了一定的口语交际能力。因此，教师可以把目标定为：

（1）创设情境，激发学生交际的兴趣，乐于与别人交流。

（2）指导学生选择亲身经历的关于班级的故事，清楚、明白地讲述，把故事讲得具体、生动。

这样的教学目标明确集中，有的放矢，学生在本节课里能够真正有所收获。

三、情境创设巧妙，学生兴趣盎然

《义务教育语文课程标准（2011年版）》指出，口语交际"教学活动主要应在具体的交际情境中进行"。这就要求教师巧妙地创设情境来吸引学生，激发学生的交际兴趣和表达欲望。口语交际课上的情境设置很重要，情境的创设是口语交际成败的关键。下面谈谈我的做法。

1. 巧设情境，导入新课

口语交际课上的情境设置通常会从导入开始。一堂课的导入就像一篇文章的开头，一个好的导入会激发学生学习的兴趣。在进行《我的班级故事》的教学设计时，我首先创设了一个情境：（播放视频）"同学们，你们想与广东少儿频道的主持人见面吗？想让你的同学或亲戚朋友在广东少儿频道上看到你们吗？哈哈！机会来了，今天，我就给大家带来了一个特大好消息！广东少儿频道新栏目——《故事达人秀》节目组的叔叔阿姨要来我们茂名寻找最会讲故事的你。让我们一起参加吧。"在这个情境中，视频中主持人那激情洋溢的话语，再加上广东少儿频道是孩子们最喜欢、最熟悉的节目，让学生感到兴趣盎然，个个都跃跃欲试，迫不及待地想要参加。

2. 巧设情境，多方互动

语言是在特定的环境中产生的，为了使学生有话可说，教师要想方设法让学生置身于一定的情境中，学生受到情境的感染，才会有所感，有所思，才会产生表达的欲望，才会像平时那样自自然然地说出真情实感。在进行《我的班级故事》教学时，我创设了这样一个情境："孩子们，这么多的班级故事，从中选取一件与大家分享是一件多么快乐的事情啊！让我们走进《故事达人秀》的开心聊天室，先来聊聊你的班级故事吧。【配乐】（PPT）"在轻松愉快的音乐声中，学生的小手纷纷举起来，滔滔不绝地讲起了自己的班级故事："和同学们一起游戏""参加校运会""当图书管理员"……看到孩子们兴致勃勃、畅所欲言，我又乘胜出击，设计了这样一个活动情境：

（1）听了他的故事，你觉得他的故事哪些地方给你印象最深？你来夸一夸他。

（2）你还有什么不明白的地方？赶快向他提问。

（3）在学生参加《故事达人秀》的面试环节，我又安排了这样一个活动：参赛者扮演小记者去采访小评委。

学生在生动、有趣的活动情境中多方互动，提升了善于倾听、勤于思考、敏于应变的交际能力。

3. 巧设情境，变换角色

课堂上，教师既是课堂教学的组织者，更是口语交际的参与者。如果学生已经进入情境，老师还没变换角色，那么这样的课必定是失败的。所以，在口语交际课中，教师要放下师道尊严，应该蹲下身去与孩子一起聊天、讨论。如进行《我的班级故事》的教学时，我一直放不下老师的身份，学生对我也是敬而远之的。我总是高高在上，与学生之间的距离很大。我也非常苦恼，到底该怎么变换呢？后来，我冥思苦想，成功变身为温柔可亲的"面试老师"——彩虹姐姐。角色的变换，拉近了师生间的距离，课堂上出现了学生想说、爱说的可喜状态。而我的学生相应地扮演我的"小助手"；在《故事达人秀》面试环节，学生又变身为讲故事的选手，班上的其他学生变身为"小评委"，老师变身为"主持人"。

通过情境的创设，学生和老师形成多种角色的变换。

交际情境的创设，方法多种多样，可以用言语描述，可以用视频、图片表示，可以事先布局，可以现场生成，可以模拟表演，可以直接代入生活的真实场景……情境创设贴近学生生活实际，学生才会想说、乐说、敢说。

四、评价多元互动，学生能力提升

《义务教育语文课程标准（2011年版）》指出，要注重评价主体的多元与互动。口语交际课要重视评价，重视考查学生的参与意识和情感态度，评价应以鼓励为主。在口语交际课中，教师应该多赏识孩子的闪光点，多表扬少批评，多激励少指责，坚持正面评价鼓励。

学生的内心深处都渴望被赞美、被欣赏，老师的肯定和表扬会激发他们的上进心，缩短师生之间的距离。因此，我总是用心地倾听学生的每一次发言，发现他们的闪光点，对他们进行表扬、奖励。在进行《我的班级故事》教学时，对学生赞美的话我是挂在嘴边的："你真勇敢！""你的声音真响亮！""你真是个善于倾听的孩子！""善于倾听的孩子一定会越来越优秀！""你讲得真清楚！""你不仅认真倾听，还能用心思考，真是个最佳小助手！"亲切的话语如花香沁人心脾，如甘泉滋润心田，使学生体会到表达的自由与快乐。为了进一步激励更多学生参与课堂互动，我还设立了好几个大奖——"最佳小助手""最具勇气大奖""最棒故事大王""最佳小评委"等，当场颁发小奖状。这样，发言的学生感受到的就是正面的评价，既保护了他们的自尊心，又激发了他们表达的勇气。

在课堂上，我不仅把赞美的话语挂在嘴边，还积极鼓励每一位学生开展互评，学会欣赏他人的优点。在进行《我的班级故事》教学时，我主要引导学生从讲述者的语言、思路、故事的内容、仪态等方面来评价。这样做，能让更多的学生有发表自己见解的机会，学生在互评中，互相欣赏，互相促进，个性化的语言层出不穷，真正提升学生倾听、表达和应对的能力。

五、形式新颖独特，发展学生思维

口语交际训练的目的在于发展学生的语言，培养学生的口头表达能力和良好的交际态度、交际习惯。语言与思维有着密切的联系。一般来说，一个人的思维是否敏捷，直接制约他的语言表达的灵活程度；思维条理是否清晰，又直接影响他的语言表达的层次性。为此，在进行口语交际训练时，应创新形式，注重学生思维能力的发展。

记得在一次口语交际课例教学比赛中，有位老师在执教续编故事——《鳄鱼找朋友》这一课时，教学设计新颖独特，环环相扣，老师的语言风趣幽默，充分调动了学生的积极性，引导学生进行口语交际训练；学生能在老师营造的轻松、活泼、和谐的课堂氛围中，积极参与到互动环节，真正成为学习的主人，体会到表达的自由与快乐。特别是在最后一个环节——"班级故事擂台赛"的设计上，该老师匠心独运，与学生合作，指导几位学生把续编的《鳄鱼找朋友》的故事巧妙地连成一篇文章。在这个过程中，学生在语言表达的准确生动上、内容丰富上和思维清晰上都得到了训练。口语交际训练，促使学生积极思维，敢于表达。

多次的课堂教学实践证明：努力选择贴近学生生活的话题，学生才会有话可说；凸显教学目标，做到有的放矢，学生才能学有所获；创设轻松愉悦的交际环境，在情境中互动交流，激发学生交际的兴趣和欲望，课堂上才会形成学生想说、乐说、敢说的可喜情景；评价多元互动，能激发学生的表达兴趣，学生的个性语言得到发展，学生的表达能力得到提高；训练形式独特新颖，学生积极思维，学生的思维能力得到发展。

实施课程改革，发挥学生主体作用

新课程标准提出，要积极实施"自主、合作、探究"教与学的方式，教师要运用这种方法教学，学生要应用这种方法学习。素质教育是主体，就是强调语文教育要尊重并发展学生的主体意识和主动精神，培养和形成学生的健全个性与精神素质，使学生健康阳光地成长。因此，语文教学要把自主发展放在教学的主要地位，在语文教学教育中，加强对学生基本学法的指导，让学生掌握基本的科学的学习方法，强化语文知识结构，形成较强的语文能力，才能使学生具有学会学习的本领，为终身学习、自主发展、合作探究，以及主动适应未来社会生存与发展提供无限的条件。这就要转变"以教为中心"为"以学为中心"，把学习的主动权交给学生，充分显示他们在教学过程中的主体地位。

一、把交往的空间交给学生

语文源于生活却又高于生活，在生活中它是一种交往的工具，现代社会对语文的基本要求是：听、说、读、写。这就要求我们要能说会道，能读能写。我们作为老师，作为教育者就不能只把学生当作知识的接受者，而是要把他们当作知识的主人。在教学过程中充分体现学生的主体地位，让他们在学习的过程中，做到自主学习，达到小组合作探究自悟的境界。

在课堂教学中体现学生的主体地位，其最大的特点就是让学生在"主动"的基础上"互动"。也就是发挥学生在学习过程中的集体智慧，小组讨论就是一个不错的方式，根据学生的不同水平、不同类型，把他们分好小组，如优生带动差生。在学习过程中，相互合作一起来解决教学中的问题，发挥集体的智慧与力量，小组之间畅所欲言，彼此交换意见。这样既能提高学生的学习兴趣，又能培养他们主动学习解决问题的习惯，在思想品德教育方面也能培养他们的团结精神。在小组合作学习讨论的过程中学生能够探讨共同的问题，能够轻松自如地学习，有利于学生学习主动性的增强。因此，小组学习是实现学生互动的重要形式，是学生信息、经验相互交流的一个好方式。

二、培养学生的自学能力

未来的社会是终身教育和学习的社会。为学生打下终身发展的基础，这就需要学生不断地学习新知识，了解新情况，具备主动学习的精神和能力，从"以知识为中心"转变为"以学生为中心"。在语文课堂教学中，老师要把学生自主学习的能力作为一个重要的目标来落实，为他们以后的学习和发展打下扎实的基础。这就要求教师在教学过程中应该给学生提供充分的自学空间，并进行切实有效的指导，让学生通过自己的努力来探索新知识、学习新知识，同时也学会学习的方法。例如，我在教学《海上日出》一课时，提出以下三个问题，让学生自学课文：①课文是按什么顺序来描绘日出景象的？②日出时的景象是怎样变化的？从文中找出具体的语句或词语，也可用自己的话说一说。③作者在观看日出过程中有什么感受？让学生通过整体感知课文内容，把握文章的重点，厘清脉络。在学生自学无法解决的问题上，我让学生小组合作进行讨论、探究。老师在适当的时候再进行点拨启发，"授人以鱼，不如授人以渔"。为此，我在课堂活动中做到：尊重学生的主体地位，留给学生充分思考的空间和时间，让学生真正学会自主地学习。

三、创新知识尤为重要

没有创新，一个国家，一个民族，是没有任何希望的，教育如是。如何利用课堂这一阵地培养学生的创新能力，是教育工作者所面临的一个严峻课题。这就要求教师在教学过程中要创设开放性的教学情境，诱发学生的创新欲望。而想象是创新的前提，丰富的想象是创新的翅膀，也是创新的核心。对小学生来说，想象是他们获取知识、发展智力的一个条件。教师应根据课文内容，联系生活，紧贴学生的心理特点，有目的、有针对性地发挥他们的想象力，从而达到创新的目的。如在教学《火把节》这一课时采用多媒体课件，展现"火把节"的热闹情景，渲染了课堂气氛，把学生带入彝族的火把节中去，激发学生的学习热情，突破文章的重点。再利用多媒体课件播放喜庆激昂的音乐，美丽的夜晚，茂盛的大树下，熊熊的篝火旁……让学生去想象彝族人民载歌载舞的情景，小组之间再进行交流。这样发展了学生的想象思维，还锻炼了学生的口头表达能力。

教师除了在教学过程中为学生创设开放性的创新教学环境外，还可以使用激励性的语言，如"谁最会想象？""谁最聪明？""谁提的问题最有价值？"等等，使学生勇于质疑，大胆想象，从而营造自主学习的气氛。

四、激发学习兴趣，促进自主发展

皮亚杰说过："儿童是具有主动性的人，所教的知识要能引起儿童的兴趣，符合他们的需要，才能有效地促进他们的发展。"这就要求教师利用课堂语言的趣味性来调动学生的学习兴趣。如在学习《草虫的村落》这一课时，我在导入课文的时候说："今天，老师想带着同学们去一个神奇的地方游玩，看看那里美丽的风景，感受那里的风土人情——草虫的村落，看哪个同学在游玩的过程中最快和那些可爱的小动物交上朋友。"这样学生的学习兴趣一下子就上来了，在学习的过程中能自主地去发现问题，解决问题。

另外，课堂的趣味性对激发学生的学习兴趣也是非常重要的。教师应根据学生的特点，在课堂教学中创设趣味性的情境。如在阅读教学中，注重培养学生的语感，在学生朗读的同时也接受美的教育、美的熏陶，让说话训练和朗读有机地结合起来。如在学习《西风胡杨》时，我配上音乐，创设情境，让学生想象胡杨在烈日下、风雨中傲然挺立的情境，并且把自己当作胡杨说一说，胡杨在烈日下、风雨中会想些什么，说些什么，并用自己的语言去赞美它。学生争先恐后地回答，再反复读课文的重点句子，在这样的情境中反复读读练练：诵读感受语言美，学生读得美美的，并很快悟出其中之意；说话时想象意境美，学生从不同的角度展开说话，其他同学倾听、评价。

自主学习使课堂教学不仅成为一个认知系统，也成为一个准社会系统。学生在这里体验到了平等、民主、友情，也体验到了在集体中探求知识、积极参与的乐趣。

重视引领启发，实施翻转课堂教学

自从翻转课堂在本校开展以来，我就开始了一系列相关的教学探讨。我之前并没有这方面专门的教学经验，放眼四周，似乎也没有课堂模式可以借鉴，翻转课堂该如何上，对我来说，的确是一个难题。作为语文教师，我固然可以把翻转课堂上出语文公开课的味道，可这又违背了开设这门课的初衷。而如果仅仅着力于了解课程内容和教学内容的朗诵、吟诵，对小学生来说，则过于简单和无趣。于是，如何带领学生走进语文课堂大观园，引领学生在学习过程中感悟到课文内容对现代生活、自身生活的启发和意义，用语文素养来巩固和提高自身的道德修养，从而达到举一反三的教学效果，便是我研究的方向。

以《夸父追日》的教学为例。六年级的学生，心理素质和认知能力日渐成熟，个性强烈，追求独特，且如今社会多元的价值观影响着我们每一个人，学生对《夸父追日》有一些独特体验，其实就是学生在学习时结合时代特点和自身经历对《夸父追日》做出个性化解读。在教学过程中，我尽量避免向学生灌输固定的观点，激励学生熟读《夸父追日》的篇章后大胆表达观点，鼓励他们结合自身生活和联系现代社会来思考《夸父追日》在当代的意义。但是，六年级的学生思想仍处于比较偏激的阶段，看待问题的眼光还较短浅，所以，如果任由学生随心所欲地"独特体验"，为独特而独特，价值不大，也不利于他们形成成熟的人生观、价值观。

因此，教师对学生理解《夸父追日》的引领和指导是非常重要的。无论学生针对《夸父追日》提出的观点多有新颖，教师都必须引导学生走进文本，理解《夸父追日》思想产生的时代背景，它所蕴含的价值取向。这样，学生才能汲取课文所蕴含的精华，课堂才能避免流于形式的泛泛而谈和断章取义的结论。教师的引领和指导旨在教会学生分析，进而鉴赏课文，避免刻板地解读传统文化读本，引导学生将自己的生活经历置于文本背景中去解读，领会其中健康向上的道德价值取向等，从而培养学生对语文学习的兴趣和情感，进而形成良好的思想品德及行为习惯。

那么，如何在《夸父追日》教学中既尊重学生的独特体验，又能很好地体现教师对优秀文化价值取向的引领作用呢？经过实践研究，我尝试了"自主阅读，理解课文—联系现实，自由表达观点—教师引领启发，举一反三"教学模式。下面就以《夸父追日》为例做具体阐述。

一、自主阅读，理解课文

《夸父追日》选自《山海经》，全文仅50字，却寓意丰富且深刻，按部就班地进行教学，必定加重教师和学生的负担，也不符合实际。但不熟悉《夸父追日》的内容，大谈特谈不畏艰辛、追求理想的道理，则架空了文本，变成说教课。因此，我先从中挑选比较容易理解，又适合学生识记的字词来进行教学，诸如"逐、渭、邓"字。另外，在上课之前，我要求学生自主阅读准备学习的内容，但漫无目的的阅读费时，效果也不好，所以，我要求学生：

1. 朗诵课文，读出风格

教师指导学生在齐读的基础上，把课文读懂、读透；再组织学生分角色朗读，男女同学对读，在具体的语境中加深对课文内容的了解；最后，给予学生充足的时间，鼓励学生结合自己的理解去诵读，读出自己的风格。

2. 了解大意，概括主旨

朗诵是最基本的学习语文的方法。中国古代非常强调读书而不是看书，特别是类似《夸父追日》的经典名篇，全在于开口诵读，通过诵读开心窍。文意往往是在朗诵中慢慢意会出来的，学生通过朗诵可以逐渐找到对文字的感觉，领会其大意，实现孔子所说的"与古人居，与古人谋"，这正可谓"书读百遍，其义自见"。而要求学生用两三个词语来概括主旨，既不会额外增加学生的学习负担，又能够促使他们认真阅读思考。而且因为需要在课堂上交流，学生就得真正阅读文本，并理解大意，才能言其一二。

学生概括主旨的词语，言之有理即可，没有一个标准的答案。中国传统文化博大精深，不仅是技能、工具和方法，更多是思维、修养和境界，是"道"。我要求学生去概括主旨，目的是促使他们去理解，去感悟，而不是追求一个达成共识的标准答案。他们在课堂上的交流，或许不够成熟，欠缺深度，但在这个活动中，他们对《夸父追日》的理解能展示出来，也能了解别人的想法，从而开阔了思维和视野。

二、联系现实，自由表达观点

学生之所以对课文，特别是对古文有抵触之感，是因为他们普遍持有这样一种观点：文字难懂，空谈道理，脱离现实，难以践行。为了纠正他们这种观念，我在《夸父追日》的教学中非常重视突显古文在现实生活中的意义，强调其与生活的联系。课文的学习除了重视朗诵外，也应重视"悟"。悟的方法之一就是指导学生在学习过程中，全面调动他们的人生经验、知识储备，思考《夸父追日》与现实的对应关系，形成个人的独特观点。

在教学实践中，有了第一个教学环节的铺排，课堂已经酝酿了热烈的课堂气氛，但这种气氛是建立在初读的浅层次片面化的基础上的，深度不够。于是在第二个环节，我一改以往"教师说、学生记"的形式，而是鼓励学生把自己所理解的文化寓意表达出来，引导学生深入挖掘课文的学习价值。

例如，"追求"，很多学生认为，夸父代表着有抱负的有志之士，太阳象征理想，追日就是为实现理想而不辞劳苦、不懈努力的过程，哪怕有所牺牲。

例如，"奉献"，有的学生认为，夸父追日是想为民除害，类似后羿射日，因为太阳把大地炙烤得太厉害了，这从夸父"北饮大泽，未至，道渴而死"可以得到验证，后来夸父牺牲了，还把自己的拐杖化为桃林，继续造福百姓，这是一种忘我的奉献精神。

例如，"斗争"，有一个学生指出，太阳是借代整个自然界，夸父只是人类的一个缩影，夸父追日是在宣扬"人定胜天"的儒家思想，而夸父的结局又折射出了道家的"无为"和"万物归一"的思想，这恰好体现出了古人在限定的科学文化条件下矛盾的思想。

例如，"学习"，有个别学生觉得，为什么夸父要喝这么多水呢？因为他渴，又为什么渴呢？因为他不停地奔跑。如果把追日比作学习的过程，那么水无疑就是知识了，夸父是越走越渴，学生自然也是越学习越知道需要学习，这与孔子所主张的"学然后知不足"不谋而合。

虽然学生对《夸父追日》的这些理解，某些观点多少有断章取义之嫌，但我也不一口否定他们，大泼冷水，而是尊重他们对课文的独特感悟，整个过程我仅是以"主持人"身份参与其中，对学生的观点不妄下论断，把判断权交给学生，让他们在观点交流中去明晰事理。这样课堂才能迸发出争论的火花，真理在讨论中逐渐明晰。

由此，教师也就从往日的演"独角戏"向组织者转变，学生也不再是"抬头看黑板、低头抄笔记"的配角，而成了课堂的主人，可以互相交流、表达观点。这种角色的变化，彻底翻转了传统语文课堂教学的模式。

三、教师引领启发，举一反三

语文课堂教学除了要完成识字、阅读、写作、表达等学科任务外，还肩负着教化功能，就是通过指导学生学习课文，了解其中健康向上的道德价值取向，培养学生形成良好的思想品德及行为习惯，达到明理导行的学习效果。因此，教师在课堂上的作用就是既要以课文所反映的正确价值取向，激发学生的独特体验，积极地影响学生的个人情感，同时还要以自身丰富的积累、开阔的视野、相对深入的理解来引导学生，发展与丰富学生对学习内容的认知，举一反三。对处于六年级阶段的学生而言，人生观、世界观往往会比较混乱，思想文化丰富深厚的《夸父追日》对他们具有强大实用的指导意义。

例如，夸父追日的行为告诉我们无论什么时候都要有追求、奋斗的目标，这样才会有前进的动力；从夸父追日的过程，我们知道困难是在所难免的，但是不能因此而放弃自己的理想，特别是在学习中要有"明知山有虎，偏向虎山行"的勇气和决心；从夸父追日的结果，我们要学会凡事要量力而行，在学习上也是，不能好高骛远，目标的制定要分阶段，这样才能提高成功的概率。

在这个环节，我从对比学习的角度，引导学生对"西方文化里的夸父"——普罗米修斯进行拓展性学习，鼓励学生展开分析、研讨，用PPT展示：

1.《普罗米修斯》的原文。

2. 问题一，夸父和普罗米修斯有哪些相同之处？

3. 问题二，夸父和普罗米修斯各自有什么不同？

4. 问题三，从中可以看出中国传统文化与西方文化有什么不一样？

引导学生结合两篇文章对上述问题进行分析研讨，小组内交流。这三个问题的提出，目的是引导学生逐层剖析：首先，学生都很容易回答出问题1的答案，他们都是为了人类而牺牲的英雄、他们的行为都是对恶劣环境的抗争、他们都有顽强的意志和不屈不挠的精神……其次，因为惯性思维，学生对问题2可能一下子难以适应，在我"分别考虑"的提示下，学生茅塞顿开，找到了解决问题的根源，归纳出：就出发点而言，夸父追日没有具体、明确的目标，而普罗米修斯则是为了"盗火"；就结果而言，夸父失败了，而普罗米修斯却成功了……再次，在问题2的基础上，我引导学生从两篇文章的题材去思考，问题3也很快被脑筋灵活的学生解决了：夸父是中国神话里的英雄人物，2008年北京奥运会开幕式的点火仪式就是参考了夸父追日的形象，代表着积极、正面的精神力量；而普罗米修斯是西方文化里一个悲剧性人物，代表对命运抗争而又无能为力的形象。

在这个环节，教师的作用就是给学生拨开认知上的迷雾，启发他们学习《夸父追日》去提高个人修养，提升精神境界；通过"从课堂到课外、从课文到文化"过渡，彻底翻转了语文课堂的教学内容。

"自主阅读，理解课文—联系现实，自由表达观点—教师引领启发，举一反三"教学模式立足文本，重视经典的阅读和理解，尊重学生个人的体会和感悟，同时又发挥了老师引导启发的作用。阅读、理解、表达、联系、拓展、引导、启发，每一个步骤都体现了从浅到深的学习过程，符合教学规律，使小学生对《夸父追日》的学习和认识提升到一个比较广泛与深入的层次。

改变传统理念，优化语文作业设计

　　布置课后作业是语文教学的一个重要环节，它是语文课堂教学的延伸。有效的语文作业可以检测学生课堂听课的效果，检测学生语文知识消化、巩固的程度，可以督促学生及时复习和巩固所学的知识。可是一提起作业，不但学生头疼，老师也是一脸无奈。许多学生马马虎虎任务式地应付作业，有的甚至讨厌做作业。究其原因就是，当前小学许多语文作业形式依然是传统古板的，以机械式的读读背背和重重复复的抄抄写写为主，作业形式单一，内容枯燥乏味，作业抄写量大，抄生字、写组词、抄书、听写、日记、作文，如此循环反复，学生就像完成任务的机器一样，厌倦极了，对做作业根本就没有兴趣，只是迫于老师的压力而不得不做作业罢了。所以，我认为作为一名语文教师，应该与时俱进，不能墨守成规，要在尊重语文学习规律的基础上，对小学语文作业设计的内容和形式进行创新性的尝试，充分挖掘和利用各种语文课程资源，从内容上力求开放性和新颖性，优化作业设计的结构，形式上探求多层次性和多样性，让学生在学习中培养兴趣，锻炼综合能力，接触社会，学会交流，开阔视野，提高语文素养，使之更加适应目前语文新课程发展的要求。

一、打破传统束缚，创新作业形式

传统的作业形式单一枯燥，抄写训练量大，容易使学生厌烦，且不能有效、全面地开发学生的各项能力。所以，作业的形式应不拘一格，灵活务实地处理学与练的关系，力避单调重复，把听、说、读、写、演、画等训练形式有机结合，激发学生的学习兴趣，全面提高语文素养。多样的作业形式，不仅可以让学生在活动中学习，在生活中发展，还能让学生感到学习的乐趣。语文课程标准倡导学科整合，打破学科界限，不受形式束缚，将学生本就丰富多彩的童年还原给学习生活。语文老师不妨尝试设计多种形式的语文作业，通过编编写写，涂涂画画，唱唱演演，甚至大胆利用微信、QQ等现代社交媒体，使学生在做作业的过程中乐于学习，热爱学习。

1. 编编写写形式作业

在语文教学中，常会遇到许多形近字。它们相似得就像双胞胎，让人一时难以辨认，即使是我们大人也不容易识记，更何况是小学生！小学生即使抄写了十遍八遍，依然还是会张冠李戴，常常弄错。为了让学生加深对这些字的印象，更好地区分它们，我尝试给学生留的作业不是机械式的多抄多写，而是让他们试着用自己的方法编编写写，自编顺口溜识字。

自从学习了《添"口"歌》后，我布置的语文作业是自己尝试学着编写《进"门"歌》和《添"水"歌》。学生回家后，在家长的辅导下完成的作业中，确实有许多学生编得挺好。

例如：

① 木字进门正清"闲"，日字进门坐中"间"；

　 马字进门往里"闯"，才字进门紧"闭"眼；

耳字进门听新"闻"，市字进门"闹"翻天。

②目字添水流眼"泪"，工字添水变成"江"；

主字添水要"注"意，先字添水"洗"衣服；

少字添水变"沙"漠，羊字添水成海"洋"。

老师创新地布置编写顺口溜形式的作业，学生喜欢，容易识记，把形近字融入歌诀当中，学生说起来朗朗上口、眉飞色舞。学生自己编出的顺口溜充满童趣与创造力，这样的作业他们不但愿意完成，还能在班级广为流传，不但帮他们更快更准地记住生字，而且错误率大大下降。这是语文作业的一个创新尝试。

2. 涂涂画画形式作业

孩子天生就喜欢涂鸦，我们尝试把语文与美术相结合，孩子们是乐于接受的。如教五、六年级语文时，每教完一个单元，我们不妨运用"思维导图"让他们尝试用作业本涂一涂，画一画，设计自己的"思维导图"，把本单元的重点词、句、知识点用"思维导图"的形式整理出来，这样作业就变成色彩缤纷的快乐作业了。在五颜六色的"思维导图"里，学生巩固了知识，形成了知识脉络。

又如，在让三年级学生练习写人物的作文时，我尝试设计的创新作业是请一个学生帅哥做"模特"，让同学们为他画一张人物像，先画一画他的外貌，按顺序从头、耳朵、眼睛、眉毛、鼻子、嘴巴，一直画到脚，然后再想一想他的性格、爱好。学生都在写写画画中自然地知道描写人物的外貌要按顺序，并掌握了人物的写法。这种涂涂画画的作业很容易引起学生的学习兴趣，使学生乐于做作业，对于小学生特别适用。

3. 唱唱演演形式作业

在教完三年级课文《寓言两则》之《鹬蚌相争》后，我尝试设计了这样的作业：课后组织学生编演课本剧。同学们在排练表演剧本过程中，对鹬和蚌愚蠢的行为自然而然地就加深了认识，达到了理解课文内容的目的。在第二天的剧本表演课上，学生们把鹬和蚌争吵得面红耳赤互不让步的情节表演得惟妙惟肖。教师创设一定的情境，让学生表演，通过表演，再现课文情景，使学生加深对课文内容的理解，从而内化为自己的语言。表演类型作业不仅极大地激发了学生的学习兴趣，还锻炼了学生的口头表达能力、思维能力和表演能力。

又如，学习古诗《登鹳雀楼》，课后让学生学唱儿童歌曲《登鹳雀楼》，在音乐的韵律中感受古诗的音韵节奏美。教完课文《快乐的节日》《让我们荡起双桨》后，布置学生学唱这些歌曲，组织一次唱歌比赛。这样，学生记住了课文，沉淀了语感，提高了口语水平。

这种作业形式，不但能加深学生对课文内容的理解，而且能培养学生的朗读表演能力，让学生准确把握课文表达的感情。

4. 社交媒体形式作业

现代社交媒体发达，微信、QQ等社交媒介日益完善，软件开发的功能越来越多，语文老师可以充分利用它们给我们生活带来的便利，为我们的语文教学服务。

以前，我们布置的语文作业大多是纸质的作业，现在，我们可以尝试布置非纸质的作业。例如，我们布置学生回家朗读某篇课文若干自然段，这种作业不用上交，学生不一定听话，肯定会侥幸偷懒，因为读不读，老师也无法知道。现在我们不妨利用大众喜爱的微信，建立一个家长微信群，让学生在微信群里朗读，老师可以利用早读时间择优在班内播放。朗读优秀的，每周评选一次"明日播音员"奖。这种形式的作业，也是一种创新，能有效地提高学生的朗读水平，也能使学生养成爱读书、善读书的良好习惯，对学生热爱语文，提高语文素养很有帮助。

二、不墨守成规，开放包容，创新作业内容

1. 小学语文课后作业，不局限于课本作业，可以布置开放性的作业

语文课程标准指出，语文的学习要面向生活，应该积极拓宽语文学习和运用的领域，注重跨学科的学习和现代科技手段的运用，使学生在不同内容和方法的相互交叉、渗透和整合中开阔视野，提高学习效率，从而初步获得现代社会所需要的语文素养。那么我们在设计作业的内容时，就应该充分开发课程资源，力求把课本上的语文转换为学生生活中的语文。作业内容应具有开放性，不要局限于平常的抄抄写写、读读背背，应扫描更多的生活领域，尽量涉及学生关心的话题，贴近他们的生活内容，吸引学生参与，说出心里话，克服作业对学生心理的压力，尽量避免学生粗制滥造甚至抄袭，提高作业效果，切实提高学生的语文素养。

如学了《赵州桥》后，让学生去找一找另外一些古老的著名桥梁，比较它们与赵州桥的相似与不同之处，同时也可让学生找一找现代跨海大桥的有关资料。作业中，学生搜集了"卢沟桥"等古代桥梁和广东"虎门大桥"、浙江"杭州湾大桥"的名称，并列出了其各自不同的特点。这样，学生不仅了解了古代桥梁的建筑特点，而且也知道了现代桥梁的先进性、多用性、科技性，扩展了学生的知识范围。这样的作业极大地拓展了学生的知识面，同时也为学生提供了一种有效的学习方法。

又如，教完课文《一个小村庄的故事》和百花园七"阅读平

台"、《路旁的橡树》时，我提出问题："我们生活周边的环境怎么样？我们应该做些什么？"学生面面相觑。于是，我便引导学生开展社会调查，用心查看屋前屋后和村边的环境，访问我们身边的大人，写成一段话，分享自己的所见所闻。教学《翠鸟》时，我布置学生仔细观察自己熟悉的小动物，如家里的鸡呀，鸭呀，猫呀，狗呀，并且要从多角度写一写。在这一过程中，学生的思维能力、实践能力、写作能力得到了培养，也达到了学以致用的目的。

2. 小学语文作业，不局限于书面作业，还可以是生活中的综合作业

学生的生活总是丰富多彩的，生活提供给语文学习无穷的资源。为了让学生在生活中去汲取语文方面的营养，老师布置的作业应该与生活紧密结合起来。开放的语文课程以学生的语文生活经验和成长需要为依归，让学生在生活中学习语文，在语文中学会生活，培养积极的人生态度和正确的价值观，学会积极生活。

例如，可以布置学生采访当地的名人，或者是德高望重、有学问的人，了解当地文化；也可以参观当地的博物馆、科技馆、人文古迹，游览当地景点、本村镇的亭阁寺庙井院等历史遗迹，既能增长见识，又能锻炼语言能力，提高语文素养。

每逢节假日，我们可以要求学生读一本好书，写读后感；学唱一首好歌，回校后在班内露一手；做一件好事，为社区做点贡献；当一天家长，做小主人，买菜、做饭、洗衣、整理房间等，体验一下做父母的辛苦，做好日记记录。

日常生活中，语文教师应该沟通课堂内外，充分利用学校、社区、家庭的课程资源，开展综合性活动，拓展语文学习的空间，让学生更多地接触语文材料，增加学生语文实践的机会。教师不妨多建议学生跟家长去旅游、做家务，和同学去做一些社会调查，参加自己喜欢的兴趣小组活动，坚持写"假期生活周记"。假期结束后，让学生汇报假期中的所见所闻所感。每到特殊纪念日，我还随机布置一些有意义的作业。如春节期间，让学生摘抄、搜集春联；国庆节，可以用手机随手拍大街上的景物，上传至班级微信群或QQ群，并配上文字说明等；平常可以布置学生从广播中、电视上、报纸杂志里和街头上的商业招牌中搜集广告用语，再自己尝试为某种产品拟写广告……这样一些与日常生活息息相关的作业，不仅有利于学生的健康成长，还能引导学生在学语文、用语文的过程中关心身边的生活，关心社会，关心文化，关心大自然，有助于学生树立正确的世界观、人生观，学会合作，化智为德。这样的作业可以让学生更多地了解社会，更好地关心他人，同时也培养了学生的语文素养。

总之，布置课后作业是一种艺术，更需要创新。教者有心，学者得益。在语文教育的广阔天地里，语文教师应根据实际情况，设计有效的语文作业。在新时代新课程的背景下，语文作业的形式还有很多，生动灵活的小学语文作业正在逐渐打破以往单一枯燥、僵硬固化的形式，不断适应现代教育的发展。因此，语文教师应该与时俱进，大胆尝试和探索，努力开发丰富的语文教育资源，创新设计各种形式的语文作业，展现出小学语文独特的魅力，全面提高小学生的语文素养！

能力素养

跨学科任务群，提高语言运用能力

《义务教育语文课程标准（2022年版）》（以下简称《标准》）明确了语文的课程性质，即语文课程是一门学习国家通用语言文字的综合性、实践性课程。由此可见，学习国家通用语言文字是语文教育的主要任务，这包括对国家通用语言文字的理解与应用，因此在语文教学中培养学生的语言运用能力成为必然。语文学科的教材设计以任务群为主要组织逻辑，倡导教师用任务群的方式培养学生的核心素养。跨学科任务群能够整合不同学科的内容，给学生提供更多的有关语言运用的情境，有其特有的优势，如果教师能够充分利用跨学科任务群的优势，不仅能提升小学生的语文核心素养，还能提升学生的语言运用能力。本文旨在挖掘跨学科任务群的方法优势，使其与语言运用能力的培养结合起来，探索基于跨学科任务群提升小学生语言运用能力的策略，以期为相关教学提供参考。

一、跨学科任务群实施的背景

学习任务群是一个新概念，是创生教学新样态的方法路径和实践方式。学习任务群本质上是一种学习方式，要求在任务驱动下，以积极主动的语文实践构建学习生活。《标准》在第四部分"课程内容"中的"（二）内容组织与呈现方式"部分指出，"义务教育语文课程内容主要以学习任务群组织与实现"，并将学习任务群分为基础型学习任务群（包括语言文字积累与梳理）、发展型学习任务群（包括实用性阅读与交流、文学阅读与创意表达、思辨性阅读与表达）和拓展型学习任务群（包括整本书阅读、跨学科学习）。其中，跨学科学习任务群是拓展型学习任务群中的内容，旨在"引导学生在语文实践活动中，联结课堂内外、学校内外，拓宽语文学习和运用领域；围绕学科学习、社会生活中有意义的话题，开展阅读、梳理、探究、交流等活动，在综合运用多学科知识发现问题、分析问题、解决问题的过程中，提高语言文字应用能力"。由此可见，跨学科任务群是融合多方面知识内容的一种活动形式，其在空间、时间和内容上是没有明确界限的，只要是能够服务主题活动的内容都可以容纳进来，且其最终的目的是提高学生的语言运用能力。学习任务群在《标准》中被明确提出，跨学科任务群作为其中的一种，是自上而下的教学组织形式的建议，是新的概念，为教师创新教学提供了途径，教师在教学实践中利用跨学科任务群有必然性与探索性。跨学科学习的本质是"统整课程"，即运用多元学科来进行学习。

二、小学生语言运用能力的内涵及教学要点

语言是交流的工具，小学语文的重要任务之一是培养小学生的语言应用能力，包括说的能力和写的能力。小学生只有具备了良好的说的能力和写的能力，才能熟练地应用语言与人进行口头交流或书面交流或进行自我表达。有研究指出，语言运用是指儿童习用语言的过程中不断操作和使用语言文字进行社会真实体悟并交流与表

达的过程；成功达成语言运用活动需要情感参与、思维建构、记忆转化、问题解决和运用习惯五个要素。分析这一概念可知，"不断操作和使用语言文字"即要在不同的情境使用语言文字，"进行社会真实体悟"是指语言的学习要与自身联系起来，"交流与表达"意味着语言输出需要多样化。因此，从这一定义出发，教师可以抓住小学生语言运用能力培养的要点。第一，在教学中为学生提供操作和使用语言文字的情境。学生使用语言需要情境，包括生活情境和教学情境，教师能做的是为学生创设丰富的语言使用情境，在教学中给予学生语言使用的机会，让学生尽情地表达。这意味着教师在教学中要根据教学内容，从语言运用的角度，为学生操作和使用语言创设适合的情境，让学生在不同的情境中重复运用语言，在运用中内化语言内涵，以及掌握语言使用的要点，如此才能更深入地理解语言的内涵，更灵活地应用语言。第二，引导学生将语言与自身的思维与情感联系起来。学生要"进行社会真实体悟"，就要将见闻或所学内容与自身联系起来，而且是深入的联系，这种联系关系到思维与情感的层面，只有进行了思考且有情感参与的思考才是深入的思考，才能激发出"真实体悟"。因此，在语言教学中，教师将语言学习和学生的思维与情感联系起来，有助于学生更好地理解与内化语言内涵，更好地运用语言。第三，鼓励学生进行多样化的交流和表达。交流与表达是语言运用的目的，也是语言运用的主要途径。多样化的交流和表达与单一的交流和表达相对，单一的交流和表达是固化的、局限的、不易理解的，而多样化的交流和表达呈现的是语言的丰富性以及表达者的思想与情感，能够让被交流者从思想情感层面更好地接受与理解。总之，小学生的语言应用能力是可以通过教学而得到提升的，但语言运用教学要求教师抓住上述几个要点，从更深层次把握语言的本质，及小学生语言运用的规律，才有可能达到理想的教学目的。

三、基于跨学科任务群提高小学生语言运用能力的策略

从以上分析可知，跨学科任务群内在地与语言运用相契合，利用跨学科任务群提升学生的语言运用能力还需要从其内涵出发，总结提炼跨学科任务群中可跨越的点。概括起来可以分为跨越时间与空间，跨越不同的学习领域，跨越不同的思维认知领域，只有实现了这些跨越，跨学科任务群才能在语言运用的学习中发挥更深入的作用。

1. 跨时间任务：提供更多语言运用的机会

按照教材的编排逻辑，学习内容是有时间先后顺序的，一般情况下教师会按照教材篇目呈现的顺序教学。而跨学科任务群不唯时间，其教学组织逻辑是根据学习主题的需要对教材中的前后学习内容进行重新整合，其中重要的一点就是打破时间界限，进行跨时间的任务设置。另外，在平时的教学中，课堂时间一般是规定好的，一节课40分钟，这样，有些学习内容学生是没有办法深入探究的。而跨时间任务可以跨越课堂时间和课外时间，联通课内外时间，让一个学习任务能够在不同的时间段进行，为学生提供更多的时间，以进行更全面和深入的思考。

例如，笔者将四年级上册和下册有关"我"的习作整合起来，有"我和某某过一天""我的心儿怦怦跳""我的乐园""我的奇思妙想""我的'自画像'"，设计了以"我"为主题的学习任务群，这些课文和习作贯穿两个学期的内容，从时间上来说跨度较大，但其主题内容是一致的，对其整合并精心设计，有利于学生

163

将零散的学习系统化、深入化。这一学习任务群的名称为"我了解自己吗"，下设三个领域，即我与自己、我与大家、我与环境，细化为六个问题：我怎么表达自己的喜怒哀乐？我喜欢什么？我怎么和老师、同学相处得更好？爸爸妈妈永远都不会真的生我的气吗？大自然的秘密我知道多少？如果看到有人乱丢垃圾我会怎么做？这样，通过这些问题，教师可以引导学生从思考自己开始，思考自己与他人的关系，思考自己与环境的关系，在深入思考的基础上表达。表达包括口头表达与书面表达，依据这些问题教师会组织学生进行口头表达，让学生将自己的思考说出来，通过说，更清晰地认识到自己的优势与不足，更深入地认识自己。这样，可以为后面的写作打下语言基础。学生在表达自己时，会不断地组织语言，对不同的问题又可以从不同的侧面来回答，语言运用的机会也就多了起来。

2. 跨空间任务：创设更丰富的语言运用情境

跨空间是指跨越地域层面的空间界面，即学习任务群可能发生在校园内外，甚至学生的居住地之外。再者，由于互联网的发展，其可以连接世界各地，在设计学习任务群时，教师也可以借助互联网，让学习任务通过互联网连接更多的地域，与更多其他地方的人和事发生联系，为学生创设更加丰富的语言运用情境。在进行跨空间的学习任务设计时，教师要注重地点的扩展，运用丰富的环境资源为学生提供不同的情境，让学生在不同的情境中使用语言，练习语言表达能力。

例如，四年级上册有几篇有关动物的课文《蝴蝶的家》《爬山虎的脚》《蟋蟀的住宅》《麻雀》等，为了让学生对动物有更清晰的认识，笔者设计了有关动物的学习任务群。这一学习任务群的由来是，有一天下大雨，笔者听到班级里有一个学生问另一个学生：“你说，下这么大的雨，小鸟都被淋湿了，它的窝也有可能掉下来，是不是很难受？”可见，这名学生是一个有爱心的学生，他关注的是小鸟的生活，感同身受地去思考动物的生活。为了让学生更了解动物，结合有关动物的活动学习课文，同时有不同的情境可以进行语言表达，笔者设计了如下有关动物的学习任务群：一是收集有关动物的图片和书籍，让学生尽可能地多收集，向同学介绍自己熟悉的动物图片或书，通过讲述的方式表达自己对动物的态度和认识。二是带领学生去动物园看动物，去博物馆看动物标本，为学生创设真实的动物情境，让学生在真实的情境中交流与思考。三是长期观察一种动物，如果自己家养的小动物可以多观察多记录，如果自己家没有养小动物可以到大自然中选择一种动物，如小鸟，每天进行观察，并记录自己的观察内容。四是讲一讲发生在世界各地的动物故事，学生可以讲一讲自己亲身经历的故事，也可以讲自己在视频中看到的故事，还可以讲书中的故事，同时，可以将这些故事写出来。在这一学习任务群的探究中，学生到不同的地方了解动物，身临其境地表达自己对动物的认知与态度，结合不同空间内的真实情境，其语言的应用也更加丰富。

3. 跨领域任务：鼓励多样化的语言运用

跨学科课程主要是“整合不同学科的知识与方法”以“培养问题解决的能力”，其焦点就在于“统整”与“问题探究”。跨学科任务群的整合性与问题探究性使其必然涉及跨领域，跨领域是指跨越不同的学习领域和认知领域。跨领域学习任务群强调跨越不同的知识领域设计学习任务，这些知识领域不局限于教学学科，有可能是学生之前没有接触的领域，如机械设计、农业生产、立体绘画等。对学生而言，这些领域多是一些全新的领域，在学生的生活当中是不容易接触到的，将其应用到学习任务群的设计中有助于学生开阔视野，打开新的世界，从新的视角认识世界，进而多样化地进行语言运用。

例如，在五年级上册的语文教学中笔者设计了学习任务群"我去过的历史古迹"，以将课文《圆明园的毁灭》《冀中的地道战》等纳入其中，让学生了解历史遗迹，从历史中激发爱国情感。这一学习任务群的主题为"我去过的历史古迹"，下面的子任务为：第一，讲一讲你去过的历史古迹，它在哪里，为什么这个地方会产生这一遗迹？第二，你看到的历史古迹是什么样的，在自然的作用下，它为什么会变成现在的样子？第三，你知道这些古迹是怎么建造的吗？第四，如果你是古代人，生活在建造古迹的年代，会是什么感觉？第五，你认为这些古迹对现代人来说，有什么意义？对于这些学习任务，学生可以从自己的经验和认知出发来解决，他们可以从跨学科的角度深入探究，也可以从不同的知识角度来做情感抒发，并没有固定答案，但教师可以通过学生的语言表达判断学生的学识和态度，进而做出恰当的指导。

这一学习任务群的设计基于语文课文，但超越了语文知识，涉及地理知识、历史知识、物理知识、化学知识、心理学知识、哲学知识等，学生在探究这些问题时，自然地会融合这些方面的知识，给出自己的解释与表达，渗透自己的态度和观点。同时，在表达不同的知识领域时，学生会使用不同的语言表达方式，利用不同的语言表达系统，这样，学生的语言表达会更加多样化，语言运用的多样化又会促进学生语言表达能力的提升。因此，在跨领域的学习任务群的训练中，学生会有更多样化的知识见闻，进而有更多样化的语言运用场景，促进多样化的表达，最终提升语言运用能力，尤其是提升用语言阐释的能力和理解语言中渗透的情感及价值观的能力，如对历史古迹的认识是渗透学生个人的经历和情感的，通过上述任务群的探究，学生对历史古迹的认识与表达会带有更强烈的情感色彩，而这正是语言运用的精髓所在。

4. 跨思维任务：超越常规的语言运用

思维是对新输入大脑的信息，与脑内储存的知识和经验，进行一系列复杂心智操作的过程。思维有很多种，经常被人们提及的有归纳思维、演绎思维、具象思维、抽象思维、逆向思维、辩证思维等，这些思维是能够被训练与培养的。有研究指出，通过揣摩和赏析文章语言，品味矛盾语言、品味活用语言、品味情感色彩、品味词语意义，可以培养学生的辩证思维能力。传统教学模式下的狭义的思维认识禁锢着学生的思维发展。因此，教师要打破传统教学思维模式，设置跨思维学习任务群，引导学生体验不同的思维方式，在语言运用中超越常规。

例如，笔者设计了学习任务群"如果我有一个菜园"，以纳入课文《祖父的园子》《两茎灯草》《牧场之国》。其子任务如下：第一，为自己设计一个园子，最好画出来设计图；第二，想一想自己会在园子里种什么；第三，各种各样的植物，我该怎么有序地安排种植；第四，种上植物之后，我要怎么管理，让植物长得更好；第五，如果有人偷了园子里的菜，我会怎么办；第六，如果我的菜吃不完，我会怎么处理。学生根据这些问题，发挥自己的想象开始——探究，有学生不仅画出了自己园子的设计图，还做了立体的模型；有学生对各种各样的植物进行了分类，并设计了套种的种植方式，有学生列出了20多种发现菜被偷之后的解决方法，有学生设计了储存菜的新方法——根据菜的生长习性就地储存过冬。这样，在实践中，学生调动了自己的思维，用到了归纳思维、演绎思维、逆向思维、辩证思维、创新性思维等，并在思考和思维表达的过程中运用语言。由于思维是渗透在语言中的，因此，学生若想更清晰明确地进行语言表达，就需要有前导的思维铺垫，同时，思维铺垫可以推动语言的深入表达。这一过程是双向推动的过程，上述学习任务群需要调动学生的不同思维，在不同的思维表达中，学生的语言运用能力也能得到锻炼。

总之，跨学科任务群是跨时间、跨空间、跨领域和跨思维的学习任务群，在《标准》颁布与实施的大背景下，跨学科任务群的意义逐渐凸显，但也需要教师在实践中不断探索与创新。小学生的语言运用能力练习不是单一的，而是综合的，这就需要跨学科任务群来承载，教师在实践中通过设计适宜的跨学科任务群能够为学生提供更加丰富多样的语言运用情境，提升学生的语言运用能力。

（本文发表于《教育观察》2022年第32期；刊号：国内CN45-1388/G4，国际ISSN2095-3712）

营造良好氛围，培养口语交际能力

随着"推普周"工作的开展，我越来越意识到给学生创设良好的语言氛围的重要性和迫切性。学生熟练运用母语进行交际，最为基础的则是说话氛围，这是与他人交流思想、表情达意的一个重要前提。同时，学生将所学知识用自己的语言表达出来，也是一个由内化到外化的过程。低年级学生词汇量少，抽象思维能力较弱，这些影响了学生说话能力的提高。在传统的语文教学中，我们曾十分注重学生口头表达能力的训练，但仅停留在"听话、说话"的层次上，忽略了语言的交际功能，弱化了口头语言表情达意、交流信息、相互沟通的工具性。随着信息时代的发展，口语交际已经成为现代交际社会最基本的技能之一，我们越来越深切地感到，在小学阶段，尤其是低年级，培养学生的口语交际能力已势在必行。作为一名语文教师，怎样培养小学生尤其是低年级学生的口语交际，使学生真正做到"能说会道"呢？

一、创造良好场景，培养说话兴趣

心理学认为，兴趣是个体对客观事物或活动的一种积极的倾向性态度，是人们参与学习或活动的内驱力，是小学生学习活动中最现实、最活跃的心理因素。实践表明，兴趣是激发学生主动学习的最好老师。学生一旦对学习产生了兴趣，就会在大脑中形成优势兴奋中心，从而集中注意力，主动参与。低年级学生在口语学习过程中的兴趣易受环境等因素的影响。《义务教育语文课程标准（2011年版）》要求"教学活动主要应在具体的交际情境中进行"，因此，教师要巧妙地营造口语交际的氛围，设计学生喜闻乐见的交际情境，以激起学生参与口语交际的兴趣，并借助兴趣的动力，促使学生主动参与、乐于参与口语交际实践活动。

良好的教育环境是促进儿童发展必不可少的条件，从语言学观点看，语言的发展也是在与环境互动的实践中习得的。小学生的口语交际能力，同样也只能在良好的口语交际环境中提高。而民主、和谐、愉快、自由的表达氛围，是学生积极主动进行口语交际的良好环境。当学生处于一种宽松的环境中时，他们就会乐于思维、敢于表达，从而进入学习的最佳状态。而对于低年级学生来说，营造一种宽松、和谐、愉快的学习氛围特别重要。例如，开学第一节课，教师就热情洋溢地把自己介绍给学生，告诉学生能和同学们一起学习很高兴，很想和他们交个朋友，并请他们介绍自己。简单的几句话，便使学生与老师的心一下就贴近了，交个"大朋友"的欲望为"说"打下了良好的基础。同时，在口语交际中，教师应始终以宽容、慈爱的心态，爱护学生，保护学生口语交际的点滴热情；要认真倾听学生的每一句话，以饱满的热情、微笑的态度、和蔼的提示、亲切的鼓励，去消除低年级学生"怕"说的心理，让他们在大胆地品尝成功中，产生说的自信和兴趣。

二、设计想象空间，促成说话能力

阅读教学中的说话训练，主要通过描述画面、问答、朗读、背诵、续编故事、续编课文、复述等形式进行。其中，课文常把一些次要的场面用一句话做高度概括，留下空白让读者去做形象的填补。对此，教师要善于运用课文中的场面空白，设计问题来引导学生填补，使课文内容更生动、更形象，印入学生脑海的形象更深刻，记忆更牢固。

如《刻舟求剑》最后一个自然段，写了丢剑人说等船靠了岸，他要从在船舷上所做的记号那儿跳下江去捞剑。他在船靠岸后也一定会跳下江去捞剑。利用丢剑人捞不到剑的有趣场面在学生脑海里的形象空白，教学中可设计说写练习：①船靠岸后，丢剑人是怎样跳下江去捞剑的？怎样捞的？②他没捞到剑时的神情怎样？会做些什么？说些什么？③岸上看他捞剑的人会有什么神情、举动、议论？这一填补，不仅训练了学生思维的形象性，而且加深了学生对课文含义的领悟，还训练了他们的语言表达能力。

三、取材日常交往，建立说话过程

有道是："得法于课内，得益于课外。"口语交际训练不能局限在课堂上，在校园内、在日常的生活中都有着更广阔的天地。教师要利用各种机会对学生的口语交际进行指导。例如，通过家长会等渠道，与家长做好沟通，要求家长主动配合教师指导孩子进行口语交际。为使学生有更多的口语锻炼机会，在春游活动中，教师可指导学生面对美景认真观察，再让学生回家后把所见所闻说给家人听，让家人共赏美景，再请家长评一评；学校给家长发通知时，可让学生先把情况告诉家长，再让家长看通知，这样可以培养学生的转述能力。此外，教师还可要求学生帮助父母处理"送一些零食给邻居的小弟弟""到商店买一包盐"等力所能及的送物、购物等交际活动。当学生去完成这些任务时，教师要提醒他们注意身份、环境、听话对象，表达要清楚，态度要诚恳，待人要有礼貌，等等。只要教师能做有心人，处处注意指导学生正确进行口语交际，就一定会收到比较好的效果。

总而言之，只要我们在平时的教学过程中，多给学生制造说话的机会，营造活跃的表达氛围，有步骤地进行指导，学生的口语表达能力就一定会得到很大的提高。更为重要的是，这一过程既培养了他们想说、敢说的心理素质和语言表达能力，又让他们形成了良好的口语表达习惯，为今后语文素养的形成与发展奠定了良好的基础。

（本文荣获茂名市直属学校小学语文学科优秀教学论文评选二等奖）

从小打好基础，养成良好学习习惯

学习习惯，指的是学生在学习过程中，经过反复练习形成并发展成为一种个体需要的自动化学习行为方式。养成良好的学习习惯，有利于激发学生学习的积极性和主动性，提高学习效率，培养自主学习能力，会使学生终身受益。

我国当代教育家陶行知先生说过："播种行为，就收获习惯；播种习惯，就收获性格；播种性格，就收获命运。"可见，学生良好的学习习惯对促进其各方面发展都是起着重要的作用的。学习习惯的培养在任何一个年段都应该常抓不懈，但是，小学低年段，是孩子们学习的初始阶段，如果能在这个关键的时期养成良好的学习习惯，对孩子今后的学习将会起到至关重要的作用。我们都知道培养学习习惯的重要性，那么怎样培养学生的学习习惯呢？应该培养学生的哪些习惯呢？我认为，对于低年段学生学习习惯的培养，不能过于笼统，应该把每一个习惯细化，并且要有意识、有针对性地去引导学生养成良好的学习习惯。

从大语文观出发，我认为，学生的学习习惯应该包括听、说、读、写四个方面。如何把这四个看似简单的学习习惯细化并且落实养成呢？本文将结合我在教学中的一些做法进行阐述。

一、善于倾听，能捕捉有效信息

把"听"放在首位，是因为学会倾听是我们日常生活中一项很重要的能力。低年段学生有一个普遍的现象就是，不会听，具体表现在：课堂上老师叫个别学生回答问题的时候，其他不用回答问题的学生就在下面叽叽喳喳。这种在低年段普遍存在的现象，不仅影响了课堂纪律，还降低了听课效率。

为了解决这个问题，我是这样做的：先告诉孩子们，学会倾听是我们学习语文很重要的一项能力，然后再根据低年段学生的特点，即喜欢表扬和奖励，跟孩子们约定好，每周评出一位"最佳小听众"，这样既能让学生明白学会听的重要性，又能调动学生的积极性。具体到每一次提问，我都指令清晰地提出问题，然后学生在回答的时候，我还会对其他不用回答问题的学生提要求：回答问题的学生说了什么，他说得怎么样？在刚开始有意识培养学生这个习惯的两三周时间里，每次的提问环节我都会给时间让学生评价回答问题的学生，这样就能做到教室里的每一位学生都进行了脑力活动，让孩子们发自内心的"想听"和"要听"。一般这样的习惯细化和养成需要三周，三周过后孩子们习惯基本养成，就可以慢慢减少学生的评价时间和次数，但是绝对不能取消，因为一旦取消了，你前面的努力就会功亏一篑。

二、能用标准的普通话说完整的一句话

低年段学生"说"习惯的培养，主要目标有两个方面：①能说好普通话；②能说完整的话。不能拔高目标，何为拔高目标？在成人的眼里，我们或许希望孩子能说完整的话，还会希望孩子说得越

生动越好，越长越好，最好是能说一篇文章，这就是拔高目标，这样不但没能达到预期的目标，更是不符合低年段学生的认知规律，还会挫伤学生学习的积极性。

那我们该如何把"说"细化在低年段孩子的课堂以及生活的一言一行中呢？首先，我觉得教师应能说标准、流利的普通话，因为这个阶段的学生模仿能力是极强的，他们会模仿老师说的每一个字每一句话，所以身为人师，我们要想方设法提高自己的普通话水平。执教低年段的几年里，在未经引导的情况下，孩子们在说话或者回答问题的时候，总不喜欢说完整的一句话。所以，老师们培养孩子"说"这个习惯的时候，应当时时刻刻提醒学生，要说一句完整的话。开始时，学生或许不理解什么是一句完整的话，老师千万不能跟低年段学生说主谓宾，而是应该直接将学生不完整的话说完整，多次下来，学生自然就会理解老师所说的一句完整的话是什么了。这样的训练，应当落实到每一次的对话，在学生能说完整一句话的前提下，再循序渐进，说具体，说生动。

三、多种形式，海量阅读

众所周知，书籍是人类进步的阶梯，通过读书我们可以赋予学生丰富的知识色彩。那么，应该怎样才能让低年段的孩子爱上阅读，主动阅读呢？

我觉得选择好的书籍，通过鼓励多种形式进行阅读，并推广海量阅读是最实在的方法。何为好的书籍？古今中外，优秀的书籍不计其数，但是我认为适合低年段孩子阅读的才是最好的。绘本，就是引导低年段孩子爱上阅读的一个重要载体。绘本以其丰富的画面引起学生的阅读兴趣，促进学生想象力的发展，丰富学生的视觉体验，学生在阅读绘本的过程中还能懂得真善美和假恶丑。

创设多种形式，如亲子共读、师生共读、生生共读等。那么，应该如何去把这些形式落到实处，从而使孩子们爱上阅读呢？这里先说师生共读的具体操作：选择经典的绘本，有条件、有时间的话，可以制作出精美的课件，和孩子一起在课堂上共读。教师根据绘本的内容，给孩子美美地朗读，也可以根据绘本的情节，向孩子们提出简单的问题，调动孩子的兴趣，给孩子交流的时间，这样既能锻炼孩子的想象力，也能培养孩子说话的能力，一举两得。如果教学任务比较紧凑，教师可以简单地给孩子们读，通过不同语气、不同声调的朗读，让孩子们感受绘本中的乐趣。同时，我们应争取每天都有师生共读的时间。为了达到更好的效果，教师还可以制作简单的读书卡，让学生完成，可以用简单的词语完成，也可以用画画来完成，这样既能达到预期的效果，也不削弱孩子阅读的兴趣。亲子共读亦是如此，阅读卡还可以让家长和孩子共同完成。

阅读，贵在坚持，如果在低年段，老师们能坚持这个理念，创设多种形式让孩子多读，一定会让低年段的孩子爱上阅读。

四、一笔一画写汉字，一词一句写我心

新的课程标准提出，低年段的语文课堂，每节课必须安排十分钟书写时间，可见其重要性。我认为，低年段"写"这个习惯应该包括两个方面：①一笔一画写好每一汉字；②一词一句写出自己心中想说的话语。

抓书写习惯，首先要让孩子们掌握正确的书写姿势，"一拳一寸一尺"这个要求应该在每一次书写时都要提及，直到每一位学生都养成习惯为止。其次，教会孩子们每一个笔画要怎么写，在田

字格的什么位置，应该写成什么样，教师都要不厌其烦，一一讲到位。还要提出要求，做到一个比一个好，要有进步，并且定期举行"书法比赛"，评出"小小书法家"等。这是符合低年段孩子的心理特征的。当然，除了表扬外，如果有个别孩子做得不好的、书写不认真的，也是需要指出来的，擦掉重新写，督促其做得更好。以鼓励为主，奖罚并用能收到更好的效果！

我手写我心，这不仅是低年段的要求，也是每个年段的要求。这里提出来，是因为低年段处于写话的起步阶段，更是要注重引导学生写自己想说的话，不写空话。如果学生有说大话、空话这样的现象应当及时指出来。一定要抓住恰当的契机，引导孩子说真话，说心里话。

总而言之，培养学生良好的学习习惯，需要从听、说、读、写四个方面入手，需要我们不断地改进方法、创新形式，多方面从孩子的需求、孩子的心理、孩子的年龄特征出发，还需要持之以恒，常抓不懈，从而使孩子们真正做到"好习惯，早养成，益终身"。也希望孩子们能乘着良好的学习习惯这艘帆船，乘风破浪，顺利达到成功的彼岸。

尊重学生个性，创新习作教学思路

作文教学是小学语文教学的重要环节，指导学生写出个性飞扬的精彩文章是每一位语文教师应尽的责任。笔者在课题"小学生作文个性化教学的研究"中进行了深入的作文教学探索，并从中总结经验，提炼规律，形成模式。

一、遵循写作初心，让作文写出"别有会心"的自我

作文是学生抒发思想感情、表达自我的一种内在需要，而不应该是老师强加而学生不得已而为之的一项学习任务。可见，引导学生扭转"老师要我写"的写作心态，养成"我自己想写"的作文意识至关重要。为此，笔者从写作内容上进行尝试，一改以往条条框框的作文规定，赋予学生极大的写作自由，鼓励学生"我手写我心"，让学生的每一篇作文既有自己的影子，更有自己的个性。

一方面，作文要有自己的真情实感。内容空洞无物，是学生作文的一大硬伤，究其原因，是学生基于应付心理，胡编乱撰的结果。笔者一再向学生灌输"作文是自己写，写自己的作文"的理念，鼓励学生大胆抒发自己的喜怒哀乐，在文中呈现真实、可感的自己。

例如，在"_____的我"的写作中，按往常做法，学生都会写"舍己为人的我""坚强勇敢的我""拾金不昧的我"之类高大上的话题，再通过杜撰、抄袭一些虚构的情节，把自己塑造成类似蜘蛛侠、007的英雄人物，这样既违背了教师的初衷，对学生而言也是一个很痛苦的写作过程。所以，笔者鼓励学生抛开写作的心理负担，明确"只要写出真实的自己就行了"的写作要求，这样学生就如解脱了写作的枷锁，写作速度大幅提高，而且内容也精彩纷呈：有写《作为吃货的我》，刻画出了一个爱吃、会吃的小馋猫形象，也对很多具有地方特色的美食小吃进行了生动形象的描写；有写《大家眼中差生的我》，小作者陈述了自己努力学习而成绩却不尽如人意的苦闷心情，文中大量的独白和心理描写，既让人叹为观止，更令人唏嘘不已……显而易见，这样一篇篇个性飞扬的作文，其实并不难写，只要把写作的主动权交还给学生，让学生自己写、写自己，这才是作文指导的根本之道。

另一方面，作文要充满童真、乐趣。作家余秋雨在《废墟》中写道："没有皱纹的祖母是可怕的，没有白发的老者是遗憾的。"其实，对小学生的作文而言，没有与自己年龄相适应的童真、乐趣更是可怕的，不仅仅在于作文写得枯燥无味、脱离现实生活，更在于无形中扼杀了学生写作的热情和天赋。

以"夸夸我的小伙伴"为例，笔者指导学生不要从"思想好、成绩好、纪律好"的老思路去写，鼓励学生仔细观察，发现身边小伙伴不注意而又确实存在的闪光点，再用自己擅长的语言风格表达出来。有的学生满怀深情地叙述了自己同桌虽然沉默寡言，却有一副好心肠，总是默默地每天最早来开门、体育课后主动为同学打开水；有的学生风趣幽默地介绍了一个痴迷足球，为了练球，一周穿坏三双袜子的小伙伴形象……很明显，遵循学生的写作初心，既塑造了有血有肉、真实可感的人物形象，也让作文显得趣味横生。

二、遵从写作习惯，让作文写出"独树一帜"的模式

现在"10后"的小学生几乎都是伴随着各种电子产品长大的"电子娃娃"，对于一些孩子来说，让其看书、动笔写作是一种苦差事，而让他们玩电子产品却是不亦乐乎。很多语文教师都有这样的体会："学生天天玩手机都不累，但让学生坚持每天写一篇日记那几乎是不可能的。"因为玩手机已经成为学生的一种日常习惯，如何才能让写作文也成为一种习惯性学习行为呢？

首先，从固定写作向灵活写作转变。现在小学作文任务量都是"单元作文+考试作文+周记"，几乎每篇作文都有一个固定的时间段，写作文自然成了一种学习负担。为了纠正这种心态，笔者在写作时间上尝试了创新，提出"每天一写作"的建议，鼓励学生坚持每天写一段不少于250字的话，就可以换取豁免写一篇周记的特权，如此一来，学生都乐意每天写一小段，久而久之，学生也就习惯了每天动笔写文字，字数也就不再停留在250字的层面。

其次，从单向任务式写作向多向互动式写作转变。小学生受心理和年龄特征的影响，对指令性的学习任务普遍持有抵触情绪，而在受到褒奖后，反而更加兴致勃勃。如何让学生写作文也是这种状态呢？笔者就尝试了这样实验性的教学实践：指导学生先把作文写在作文本上，在经小作者允许后，将具有代表性的作品展示在教室后面墙壁上的作文园地中；再鼓励学生互相之间对作文进行阅读、点赞、评论。如此一来，新颖的做法让学生踊跃尝试，既完成了写作任务，也让作文修改贯穿于学生互动之中。

例如，学生李××在作文园地中展示的习作《秋游印象》，讲述了自己暑假去农业公园旅游的见闻，传递出很多自己对农作物、农业文化的见解，其他学生纷纷点赞，还有很多同学留下评论：

"看来你去秋游收获的不仅是相片和特产，还有满满的文化。"

"行万里路还得读万卷书，你去秋游之前肯定读了很多相关的书，向你学习！"

"其实那里除了农作物外，还有很多好看又珍贵的花卉，也是很有趣的内容。"

……

这种新潮而富有"10后"个性的作文学习模式，已经超出了作文写作的范畴，成了文化交流与思想碰撞的过程，这也是素质语文外延的一种体现。

三、遵行写作评价，让作文写出"耳目一新"的效果

指导学生修改，是作文教学的必要环节，也是最容易被忽略的环节。学生在教师有针对性的指点下，结合自己的写作特长对作文进行修改，甚至"二次写作"，往往会写出一篇富有自己浓郁个性色彩的作文。

例如，人物心理描写对小学生而言无疑是一块硬骨头，因为害怕写不好，很多学生在作文中都有意识地回避对人物心理的描写。在单元作文"_____的心情"中，一位学生写了这样一段文字：

语文期中试卷发下来了，我考了100分，全班第一名。我兴奋地双手捧着试卷，看着那大大的鲜红的100分，心里别提有多高兴了！突然，我的眼角无意中瞟到试卷上有一处错误——我将"幻想"的"幻"写成了"幼"，老师没发现。怎么办？要不要告诉老师改正

过来呢？我想了又想，最终拿起试卷朝老师的办公室走去……

文中，小作者难能可贵地尝试运用了心理描写，笔者以此为契机，在作文指导中再一次向学生重申了"心理描写包括心里话和心情的变化两部分，心里话可以通过对话的形式进行表述，而心情的变化多借助比喻、夸张等修辞手法"的写作技巧，并鼓励学生在这段文字的基础上进行重写，于是，小作者又写出了这段文字：

语文期中试卷发下来了，我考了100分，全班第一名。我兴奋地双手捧着试卷，看着那大大的鲜红的100分，心里别提有多高兴了！突然，我的眼角无意中瞟到试卷上有一处错误——我将"幻想"的"幻"写成了"幼"，老师没发现。怎么办？要不要告诉老师改正过来？这时我的心里有两个小人在吵架。一个小天使说："错了就要改！"一个小魔鬼说："改正后只有99分了，第一名就与你失之交臂了，多可惜呀！""你是少先队员，应该诚实！"小天使说。"想想吧，考了第一名就可以得到妈妈的奖励，那可是你梦寐以求的《哈利·波特》呀！"小魔鬼说。"不行！这样的第一名换来的奖励你觉得光彩吗？"小天使反问道。"这又不是你的错，要怪就怪老师改卷不细心！再说，也没别的同学发现，区区一个错字而已，别傻了！"小魔鬼差点儿把小天使说服了。"100分，99分，《哈利·波特》，诚实……不，我不能因为一分把我的诚实卖了！"我下定决心，拿起试卷朝老师的办公室走去。

显而易见，在修改后的作文中，小作者通过虚构角色的手法，融进了很多心理的描写，把自己"纠结的心情"刻画得栩栩如生，也让自己诚实、勤奋的形象跃然纸上，更展示了自己"不为分数折腰"的个性。

从教学实践可知，学生笔下个性化作文的写成，需要教师富有个性化的作文教学理念与教学组织形式，为此，教师应该不拘一格教作文，从大语文角度开展大作文教学，遵循写作初心、遵从写作习惯、遵行写作评价，指导学生写出有真情实感、充满童趣的好作文。

激发言语欲望，点燃习作思维火花

《义务教育语文课程标准（2011年版）》指出，语文课程是学生学习运用祖国语言文字的课程，学习资源和实践机会无处不在，无时不有。因而，应该让学生多读多写，日积月累，在大量的语文实践中体会、把握运用语文的规律。人们在日常生活中，听、说的使用频率远远高于读、写的使用频率。这就需要语文老师在教学中加强语言文字训练，提高学生的语文素养。下面浅谈一下我在语文教学中的一些做法。

一、根据儿童实际，诱发言语内容

从心理学中我们得知，一个人语言文字运用的能力与个体的认知水平密切联系。因此，要提高儿童的语言文字运用能力就要首先审慎地选择言语内容，使之适合儿童的认知水平，贴近儿童的生活实际。小学生生活经验非常有限，他们习惯于认识具体事物，而对抽象的事物则不易把握；他们习惯于认识事物的外部特点，而对它们之间的内在联系难以把握。因此，为学生安排的言语内容应力求具体、形象，是他们熟识的东西。例如，以"祖国变化真大"为题，对学生进行语言文字训练，很多学生则很难选择题材，且难以开口说话。若以学生既熟悉又感兴趣的事物为话题，则会收到良好的效果。因此，我变换角度，让学生说说家乡的变化。学生的思维像打开笼门的鸟儿，振翅高飞，自由翱翔。家乡的山山水水、花草树木，对于孩子们来说，是最熟悉不过的。于是，像《家乡的变化真大》《我爱我的家乡》《美丽富饶的家乡》等便在孩子们嘴里绘声绘色地描述了出来，让人听了觉得家乡是那样美丽诱人，那样充满希望。例如，张权敏同学在描述家乡的冬种时，是这样说的："昔日的荒芜之地，变成了一望无际的青纱帐。到处是绿的海洋，使人感到那么亲切，那么舒服。细瞧那绿浪：一条条的青瓜，挨挨挤挤，摇来摇去；绿中间红的番茄，像小球似的堆在一起；小刀似的四季豆则挂满豆藤；牛角似的尖椒，灯笼似的圆椒，把苗坠得不能再低了；还有那绿中带白的冬瓜静静地躺在地上，又大又长的茄子在向人们招手……啊！这丰收的景象，真令人陶醉、留恋。"再如，林嫦雨同学在赞美家乡的特产时，这样说："初夏的山坡上，堪称岭南佳果的荔枝披着一身小刺，挂满了枝头，有些像懂得感恩的孩子为了快点回报劳动人民，早早地披上了红色的外衣。万绿丛中点点红，漫山遍野的绿色果林被点缀得那样迷人，使人陶醉，叫人嘴馋。"还有一个同学在描述家乡的变化时，这样说："我的家乡变化真大啊！看，一排排高大的住宅楼，美丽而有气派。住宅区前的大花坛，鲜花一簇簇，一丛丛，五彩缤纷，姿态万千……"这样，儿童不仅有话可说，而且语言文字运用得那样具体，那样生动，那样丰富，充满着感情，激发了孩子们热爱家乡、热爱祖国的思想感情，语文素养得到了提升。

二、对准兴奋点，激发言语动机

小学生天真活泼，思想单纯，好胜心强，感情容易冲动，遇见一些感兴趣的，特别是关系到自己的人和事，就会异常兴奋，七嘴八舌，一吐为快。因此，根据学生这一心理特点，在选择内容方面对准他们的"兴奋点"，激发他们言语的动机，可提升语文素养。例如，有一次在进行说话训练前，我发现学生们都有自己心爱的玩具，而且人人都认为自己的玩具好。于是我因势利导，训练时要求学生以"我心爱的玩具"为题说一段话，而且在说话前我激发他们说："同学们，你们每个人都有自己心爱的玩具，但是谁的玩具最好呢？大家都不知道。现在看谁能用自己的话把自己的玩具名称、形状和特点以及你为什么喜爱它说出来，让人一听就觉得你的玩具是最好的、最令人心爱的玩具。"这样就激发了学生们的言语动机，促使他们详细地回忆自己的玩具，尽量用最好的语言把它介绍给同学们。如张娴同学说："我有一对可爱的小瓷鹅，头上戴着粉红色的小帽子，眼睛长在头的两侧，眼珠黑黑的，嘴巴又尖又硬，脖子伸得老长，像在找东西吃。周身的羽毛洁白无瑕，像一层薄雪铺在身上，美丽极了。我爱我的小瓷鹅。"又如刘丹同学介绍她的玩具说："去年过生日，妈妈送给我一个心爱的小猪储蓄箱。这只'小猪'长得非常可爱。粉红色的耳朵，圆圆的脑袋，四肢短短的，背上还有能放钱进去的长方形小眼。有了它，我就不乱花钱了。我真爱我的'小猪'。"教师对准了学生的兴奋点，学生就会觉得有话可说，有话要说，有话非说不可，从而将语言文字运用得洒脱自如。

三、创设语言情境，激发言语欲望

创设情境说话，是运用创设的特定场面或某种活动来进行说话训练，也就是通过有意识的演示，为学生提供生动具体的语言环境，让学生感知、理解之后，将这些场面、情景描述出来。在日常生活中，随时随地都可以安排学生说话，如让学生讲见闻。孩子们在一年、一个月、一个星期或一天，都会遇到许多新鲜事。因此，我非常注意安排时间让他们说出来。每周的星期一，我就用十几分钟让他们畅所欲言，把上周或节假日的见闻及感受说出来。于是有的说："我家买了小车……"有的说："外婆到我家来了……"有的说："这样算懂礼貌吗？……"也有的说："墟头发生了一起交通事故……"他们都会抢着把自己的所见所闻说出来给大家听，讲得头头是道，各显神通。又如孩子们都喜欢大自然。大自然博大深沉，无奇不有，以它特有的丰姿、奥秘激起孩子们对它的神往；时序更替，星辰运行，生命繁衍，为儿童提供了极好的言语训练内容。于是，我根据春夏秋冬四季不同的景色，带领孩子们在大自然中遨游。因此，大自然中繁花似锦的春天，骄阳似火的夏天，果实累累的秋天，寒风凛冽的冬天，都在孩子们的嘴里得到了证实。这种郊游活动不仅加强了言语训练，而且也培养了他们热爱大自然、热爱祖国秀丽河山的思想感情。除此之外，教师还可以通过观察事物、讲故事、谈感受、开展游戏等方式让学生有事可说，有话想说。"随风潜入夜，润物细无声"，孩子们的语文素养便得到了熏陶。

四、凭借阅读教材，培养言语能力

阅读教学是语文教学的基本环节，也是提高学生语文素养最重要的环节。我非常重视在阅读教学过程中凭借教材，充分发挥教材的优势，把语言文字训练贯穿于阅读教学之中，从而有意识地培养学生的言语能力。如在阅读教学中，老师可以指导学生模仿课文进行口述训练。低段的课文有不少片段描述一种物品、记述一个场面，都是可以结合学生实际，指导模仿，练习口述。如《星星的新朋友》第一段写道："深蓝色的夜空，群星闪烁。一颗小星星望着周围陌生的星星……"在学生深入理解课文的基础上，我抓住"什么时间，当时的情景，谁，在做什么"这四个方面，让学生联系自己的亲身经历，进行模仿口述训练。有一个学生说："中秋节的夜晚，月亮特别圆，皎洁的月光照遍大地。我和爸爸、弟弟在院子里赏月，弟弟的头靠着爸爸，听他讲月亮的故事。"再如在阅读教学中注意围绕课文的重点训练项目，引导学生进行言语训练。如《手捧空花盆的孩子》这一课，我在教学中紧紧抓住课后思考题"国王为什么要选雄日做继承人"引导学生作答，提出问题："国王用什么方法挑选继承人？结果怎样？为什么这样？我们应该向谁学习，以后做个怎样的人？"学生按照这条线索，四人组成小组进行讨论，对照插图逐一回答问题，这样学生不但理解了课文内容，训练了语言，而且培养了语文素养。在阅读教学中，教师还可采取句子比较、调换词句、用词说话、边演边说和续编故事等方法进行言语训练。只要我们充分把言语训练穿插于阅读教学的各个环节，学生的语文核心素养就会得到提高的。

在语言文字运用训练中，我用了以上的方法，有的放矢地进行了训练，尽量让学生用自己的眼睛去看，用自己的脑子去想，用自己的嘴巴去说，这样既抓住了语文教学的本质，又体现了语文教学的规律，思维的火花在课堂闪烁，学生的语言表达能力得到了提高，同时也发展了学生运用语言的实际能力，提升了语文核心素养。

大语文综合性，全面培养核心素养

语文课程标准指出，语文综合性学习是语文学习的一种学习形式，注重语文与生活的结合，注重知识与能力、过程与方法、情感态度与价值观的整体发展。它突出学生自主学习，激发学生主动参与活动；加强语文课程内部诸多方面的联系，促进学生的策划、组织、协调和实施的能力以及写作能力的提高，有利于学生在感兴趣的自主活动中全面提高语文素养。在具体教学中，我从"语文综合性学习，渗透在阅读教学；语文综合性学习，体现在语文大课堂；语文综合性学习，流淌在课本剧的演绎；语文综合性学习，深化在习作训练"四个方面，谈谈自己的做法与体会。

一、语文综合性学习，渗透在阅读教学

语文综合性学习的亮点之一，就是在阅读教学中渗透写作训练。"语文综合性学习、识字、写字、阅读、口语交际、写作"在语文课程标准中均处于并列地位，体现了语文知识的综合运用。

在教学《少年闰土》（S版五年级下册）时，我重在引导学生通过品读，感受鲁迅笔下少年闰土的形象，学习鲁迅抓住人物最大特点进行描写的方法，并在小练笔中加以运用。

在具体教学中，我是这样处理的：

再识闰土，学习表达。

1.师：让我们一起来见见那真实的闰土，走进他们相识的片段，看看闰土到底长什么样？请同学们快速默读课文，用"——"画出有关句子。

出示：

他正在厨房里，紫色的圆脸，头戴一顶小毡帽，颈上套一个明晃晃的银项圈……

2.请男女同学分别读描写闰土的句子。

3.引导学生抓住描写闰土外貌特点的词语："紫色的圆脸""头戴小毡帽""颈套银项圈"。

4. 从闰土的外貌特点中，你能用一个词来形容他是个怎样的少年吗？根据学生回答，教师相机板书：健康、淳朴、憨厚、老实。

5. 小结写法：

鲁迅先生抓住人物最大的特点，哪怕只用寥寥几笔，也能写得活灵活现。对于鲁迅这个城里少爷来说，与他相仿年纪的闰土最大的特点，不在眼睛、头发，而是他海边农家少年独有的"紫色的圆脸""头戴小毡帽""颈套银项圈"，所以，我们描写人物时一定要抓住人物最大的特点。

6. 课堂小练笔

（1）学生运用习得的"抓人物特点"的写法，写自己身边的一个小伙伴的外貌。

（2）我来读，你们猜。

这个教学设计片段中的"课堂小练笔"，就是我们说的"综合性学习"的一种学习形式。把写作训练与阅读教学有机结合，是语文综合性学习的体现，是写作指导的有效途径，从而降低写作的难度，激发写作的兴趣，提高写作的水平，体现学生们整体语文素养的提升。

二、语文综合性学习，体现在语文大课堂

语文大课堂是语文综合性学习的一种形式，意在培养学生们动脑、动口、动手、动笔的能力。在具体教学中，培养学生们围绕活动目的制订活动计划、安排活动过程的能力；培养学生们整理调查资料、分析产生这些问题的原因的能力；培养学生们总结、写作的能力。

在引导学生们学习《正确使用祖国语言文字》（S版六年级上册）时，我是这样做的：

第一，让学生们默读教材中给出的要求，读后交流：这次活动的目的是什么？通过思考，学生们很快明白：通过多渠道调查，了解人们使用祖国语言文字的情况，分析产生这种现象的原因，从而提高自己正确使用祖国语言文字的自觉性。

第二，学生们自由组成小组，做好分工，分头进行调查。有的学生走上街头，记录街边错用的广告词；有的学生翻阅同学们的作业本，寻找错别字；有的学生进入网页，关注语法不当的句子……

第三，学生们对收集到的资料进行分析、总结，注重分析这些误读、借用、错别字会在哪些人群中出现，或会在什么场合出现；产生这些问题、情况的根本原因在哪。

第四，学生们先在小组内交流自己收集的情况、分析的结果，提出改进的措施：①加强语言文字规范化的宣传力度，如利用学校的电子屏幕进行宣传，利用学校的红领巾广播站进行宣传，利用教

室的黑板报进行宣传。②要对新闻出版队伍、文学影视创作队伍、广告制作公司的从业人员进行培训。然后在全班进行交流。

第五，学生们撰写研究报告。整篇报告均围绕"正确使用祖国语言文字"这一活动展开，集中写"收集到的情况，大家的分析、总结，提出改进的措施"三大方面。

实践证明，这样的语文大课堂对学生们的语文综合性学习起到了促进作用。学生们在整个活动中是兴致勃勃的、自觉的。学生们动脑、动口、动手、动笔的能力得到了培养，策划、组织、协调能力得到了锻炼，写作能力得到了有效提升。

三、语文综合性学习，流淌在课本剧的演绎

演绎课本剧是语文综合性学习的一种学习形式，它集故事性、表演性、音乐性于一身，整合了学生的多种语文能力与素养。把课本剧运用到语文教学实践中，更能展示语文学科精神，开阔语文视野，提升语文能力。

在教学《花木兰》（S版五年级下册）这篇课文时，我根据课文的特点有意识地引导孩子们采用"综合性学习"的方式，进行合作探讨、理解主题、演绎深化。

首先，我在课堂上让学生通过"自读自悟"了解课文讲了一位想家人之所想、为家人分忧的女孩——花木兰，在国家受到外敌侵犯时，女扮男装代替父亲到沙场杀敌，在沙场立下赫赫战功，晋升为将军，回乡探望父母恢复女儿身的故事。

其次，全班同学分小组探讨、交流，厘清课文的脉络——①大敌进犯，边关告急，木兰决定女扮男装代替父亲出征。②在去前线的路上，木兰与参军的三位大哥不期而遇，同时用事实解答了

刘大哥纠正"男子太吃亏，女子坐享清闲"的错误思想，传递"女子贡献也很大"的思想。③木兰凯旋，与家人团聚，恢复女儿身的快乐，以及同战沙场伙伴的惊讶。

再次，学生们探究"如何把这个剧本演得活灵活现"。要想解决这个问题，得深入探究"木兰是个怎样的人，并且说说你的依据"。学生们围绕这个问题进行交流，纷纷发表自己的意见。最终形成观点：花木兰是一位豪爽、为父母分忧、为国家解愁、英勇杀敌的女中豪杰。

最后，学生们把自己对课文的理解、对木兰的敬佩，通过舞台布景，眼神、动作、语言、表情……进行演绎，再现课文描写的三大场景。

课本剧的演绎，很好地诠释了语文课程标准中的"语文综合性学习有利于学生在感兴趣的自主活动中，全面提升语文素养"。可以说，这样的综合性学习培养了学生主动理解课文、探究人物品格的能力，对全面提高学生的素养起到推动作用。

四、语文综合性学习，深化在习作训练

语文课程标准指出：写作是学生联系生活实际、学习实际，进行我手写我心的一种表达方式。整个写作教学均以学生为主，创造条件引导学生走进生活，表达内心情感。

在教学习作"一次游览的经历"（S版五年级上册第二单元）时，我根据学生们的生活实际，引导他们回忆、交流、汇报、拟写写作提纲、写作、评议、修改，把综合性学习贯穿整个教学。

首先，进行激发兴趣谈话，同桌交流。"同学们，说起旅游，相信大家都有许多话要讲，下面同桌之间交流自己都去过哪些地

方，看过哪些美丽的风景，哪些是你印象最深的。"学生们得令后，滔滔不绝，交谈甚欢。其次，全班汇报，探讨说的方法。"看看哪位同学，愿意第一个与大家分享自己的游览经历？"我发出提议请求。学生们更是踊跃举手发言。在大家的发言中，师生一起探讨了"如何做到言之有物""如何做到言之有序""怎样做到抒感情、有情趣""怎样运用优美词句"等方法。再次，学生们拟写写作提纲，然后进行课堂习作。最后，学生们展示自己的习作，师生一起评议。评价标准有："言之有物了吗？""言之有序了吗？""抒感情、有情趣了吗？""运用优美词句了吗？"学生们按评价标准来修改自己的习作。修改之后誊抄工整的习作粘贴在教室的"小作家练兵场"板报处，供全班同学欣赏和再次提出修改意见。

实践证明，学生们在写自己生活、学习上的事情，自己经历过的事情，自己深有感触的事情时，是快乐的，是乐于表达的，他们的写作能力得到了提升。

总之，语文综合性学习是个全新的概念，与我们平时说的"课外活动""语文实践活动"有着某些内在的联系，但是在内涵、目标、理念和实施策略上与"课外活动""语文实践活动"都有着很大的差别。它是以学生的经验、现实生活为核心的实践性学习，改变了传统的学习模式，促进学生联系自身生活和社会实践，置身于活生生的现实学习环境中，全面提升学生的语文素养。

授之以鱼以渔，提升口语交际能力

　　口语交际是人们学习、工作、生活中的一门大学问，重视口语教学已成为当今世界各地在母语教学中的共同趋势，这是对传统听说教学的深化和超越，更是现代语文教育走向成熟的标志，我国现行小学语文教材中的口语交际课在实践过程中取得了很多成果。《义务教育语文课程标准（2011年版）》明确提出了口语交际的目标：具有日常口语交际的基本能力，在各种交际活动中学会倾听、表达和交流，初步学会文明地进行人际沟通与社会交往，发展合作精神。而口语交际是语文教学的一个重要方面，是一门全新的课程。它与过去的听话、说话教学有着明显的区别。它是凭借听、说进行交流、沟通，传递信息、联络感情、处理问题。它特别注重培养学生的人际交流能力、应对能力、交往能力及合作精神。小学语文教师也清楚地意识到口语交际课的重要性，然而如何上好口语交际课，老师们有时却束手无策，而且教学上也存在着很多弊端。我们对怎样使学生有序表达，实施口语交际进行了专题研讨。下面谈谈我在小学语文口语交际教学中的一些教法与反思。

一、不要忽略教给学生口语交际的方法

"授人以鱼，不如授人以渔。"语文教学中，口语交际不能仅仅满足于把话说明白，说清楚，还要自如得体，让人听起来顺耳，这是一个人文明修养的体现。有些口语交际课往往从表面上看上得热热闹闹，教师只重视内容，却忽略了学生的语言质量及语言习惯。学生在交际的过程中，经常出现用词不当、病句、语序颠倒、语意不顺畅等不准确、不规范的现象，我则注意引导学生评议、纠正。对重要的、带有普遍性的问题，我则加以认真点评、强调。此外，我认为在口语交际中还要教会学生如何倾听。现在的语文教学很注重对语言材料的积累和运用。口语交际是一种很好的运用所积累的语言进行会话的语言学习方式，但前提是要让学生学会"倾听"。我觉得口语交际中"倾听"的要素：一是要引导学生注意仪态，眼睛要看着对方，这是尊重说话人的表现，不然说话人会认为你心不在焉；不要一听到不同的意见就沉不住气，随意打断对方的陈述；更不要因为自认为已经领会了对方的意图而显出不耐烦的样子，等等。二是引导学生要注意理解，要学会分析对方的语言，正确理解对方所要表达的意思，并把相关内容记住，以便做出相应的回应。在口语交际的教学中，教师一定要关注学生良好的语言习惯的养成，想方设法让学生掌握正确的口语交际的方法。

二、不要忽略为学生搭建口语交际的平台

教师要积极参与到口语教学之中，深入学生中去，为学生收集相关材料提供切实可行的途径，了解学生在准备过程中收集了哪些材料，并为学生提供语言实践的形式。例如，在进行语文百花园

教学中关于"人与动物要和谐相处"的口语交际训练时，老师应在课前指导学生收集各种有益动物的图文资料；活动方式包括询问、阅读、收看影视、网上查询等；然后以记忆、剪贴、绘画、抄写等形式，将收集到的资料整理好，准备在班上交流。在现实的教学过程中，教师应注意对学生学习环境的创设，并开设多种多样的主题活动，提高学生进行口语交流的兴趣。口语交际教学不是传统意义上单纯的"听话""说话"练习，而是师生心灵间的对话与交流。只有营造轻松自如的交际氛围，学生才能毫无顾忌地打开"话匣子"，才能出现畅所欲言的场面。

三、不要忽略口语交际评价的规范化

我认为，口语交际课应该有评价这个环节，评价的目的在于反馈情况，推动学生语言表达的发展。语言是一门特殊的艺术，不应该简单地用"好"或"不好"来判断。做出评价时，要特别注意小学生有爱挑毛病的特点，教师设计评价方法时应首先考虑引导学生用赞许的目光去看待同学，树立学生的自信心和尊重别人的品质。所以不管是模糊评价还是积极评价，也不管是教师的评价还是学生间的评价，都应该是积极的，如通常使用的掌声鼓励法、语言激励法等。教师要用发展的眼光来赏识学生的点滴进步。若能这样，发言的学生所感受到的就是正面的评价，这样既保护了他们的自尊心，又增强了其语言表达的勇气，而且能在同学间轻松地进行交流，能表达各自独特的观点、感受或体验。这样，学生们才有可能运用体现其个性化的语言，进而才能真正提高学生的倾听能力、表达能力和应对能力，才能真正推动学生语言表达的发展。

四、不要忽略口语交际形式的多样化

1. 充分调动学生的语言

教师应用富有感染力的语言为学生们创设情感画面，使他们积极主动地融入角色中。教师在与学生交流的过程中，要用自己的语言帮助学生找到情感的共鸣点，使他们在口语交际中能言之有物、言之有序，进而在此基础上能做到言之有情，甚至声情并茂。

2. 让学生融进角色表演中

在语文教材中，童话、神话、寓言、故事等都是以人物或拟人化的角色在活动，都离不开对话。从具体的人物或拟人化的角色对话语言中，学生可以领悟到对话的应答性，体会到人物对话会根据情境、身份，或说话内容的不同，而变换相应的语气、语调。在口语交际训练初期，学生主要是模仿、感悟，然后再逐步让学生通过丰富的想象，向创造性对话不断推进。

3. 充分利用电教设备等多媒体教学

如我在教学《故宫》这篇课文时，将紫禁城城门、城墙、太和殿、中和殿、保和殿、乾清宫、交泰殿、坤宁宫等制作成课件通过教学平台投放到屏幕上，最后让学生展开想象，假如自己来到了北京故宫，会说些什么。学生们闭上眼睛，边听音乐边想象，最后让他们畅所欲言，自由表达。

4. 教师指导精当，学生才能说得好

由于小学生生活经历少，口语能力也相对较弱，经常会出现说话颠三倒四或漫无边际的情况。因此，教师要做好精当的指导，主要体现在：一是教师要精心设计符合小学生认知发展能力的口语教学过程，做到层次清楚，要求明确。这样学生才可能循序渐进，提

高口语交际的能力。二是在学生能够确定说话主题后，就应要求学生说话要有条理、有重点，抓住事情的某一方面或某一细节进行具体的讲述，这就要求教师要精心设计好谈话的内容。例如，在学生提出自己演时，我引导他们说说准备怎样演、该怎么演，为下一步的演做好准备，这样，学生的演就能做到胸有成竹。

五、不要忽略口语交际中师生的互动交流

1. 教师与学生间的互动

教师既是课堂教学的组织者，也是口语交际的参与者。在口语交际课教学中，教师应该蹲下身去与孩子平等对话，去赏识孩子的闪光点，去给他们正面的评价和鼓励。这样非常有利于营造宽松和谐的学习氛围，更有利于引导学生学会表达，积极参与到口语交际中。

2. 学生与学生间的互动

这是一种更为广泛自由的互动方式，便于全体学生共同参与。互动方式有：小组轮流介绍，共同编演讨论课本剧等组内交流；在小组交流的基础上，可推选出大家最喜欢的个人代表小组进一步进行小组间的交流。这样的学生与学生之间的互动，充分调动了学生全员参与交流的积极性，形成了会说、想说、爱说的可喜状态。尤其是组间的竞争，更有利于群体间的互动合作，培养了学生的合作意识与合作精神。为了集体的荣誉，小组的每一位成员都将对自己以及他人提出更高的要求，并积极参与活动，都希望依靠大家的智慧和努力赢得比赛。团队的合作意识与合作精神在学习中得以培养。

3. 师生与环境的互动

充分利用环境，把课本知识延伸到课外，使口语交际的环境不

断得以扩展、延伸。例如，"带着这个问题，回家后和家长交流，再互相探讨"等问题的设计，建议学生将课堂上讨论的话题回家后讲给家长听，与家长交流，并听取家长的意见，然后回到课堂上再交流。这就拓展了课堂，达到自然、顺畅、丰满，会收到很好的课外拓展效果。

我深切地感受到，在口语交际教学中，要想让学生畅所欲言，我们还应该做到三个"尊重"，即尊重学生学习的天性、尊重学生的个性、尊重学生学习的权利。顺之天性，面向全体，有教无类，使学生心地坦荡，思维开阔，创造的火花不断迸发，进而轻松、愉悦地促进学生个性发展。只要教师准确把握好口语交际教材，合理利用教材，培养和提高学生口语交际能力的多种切入点，创造宽松、愉悦的交际环境，让学生创造性地说练，就能激发学生的表达欲望，从而积极主动地参与到口语交际实践中，学生的口语交际能力一定会不断提高，从而提高学生的综合素质，为全面增强学生的语文素养奠定坚实的基础。

深入学习分享，真切感受语文之美

语文书是最有趣味性的书，它里面不但有朗朗上口的诗词、绝句、散文，还有娓娓道来的动人故事，有些还可以亦读亦唱。读读背背课文是一个享受语言美的过程，我喜欢上语文课，也教了十几年的语文，感觉上语文课是一个享受美的愉快过程。那么，我是怎样与学生分享这美的过程的呢？

一、读读背背，感受语文语感之美

语文课中，有很多叠韵的句子，以语文S版一年级的《识字2》为例，"红日圆圆，月牙弯弯，河水清清，火苗闪闪"，我先让学生字正腔圆地读叠词"圆圆、弯弯、清清、闪闪"，初读要求读得慢一点，读准字音，加上前面的"红日"圆圆，"月牙"弯弯，读顺溜后，一次比一次提高语速，节奏由缓而急，朗读充满激情，读上口后，有一定的熟读程度，节奏由急而缓，闭上眼，一边诵读"红日/圆圆"一边做着摇头晃脑的动作，其中"圆圆、弯弯、清清、闪闪"的音稍微拖长，节奏与韵律带起伏感，诵读与情感融为一体，朗朗语感，美美韵律渗入心田，是一种很舒服的诵读享受。

再以一年级的《识字2》为例，为了增强语文的趣味性及朗读的语感美，在读得有一定熟练程度的基础上，我在趣味性上设置了不同读法：鸟儿天上飞啊天上飞，加叠"天上飞"，并配以"啪啪啪""啪、啪啪""啪啪、啪"等不同节拍的拍掌声。诵读节律与拍掌节律同步，一下子将读读背背中的语文韵律美淋漓尽致地表现出来，这个小短文还可设置成师生半诵读半对唱的形式加强语感之美吸引学生。

师：谁在天上飞啊？生：鸟儿天上飞。谁在水中游啊？鱼儿水中游。语文又读又唱，语感强，易读易记易背。读的韵味萦绕耳际，经久回响。在读读背背中，我们感受到了语文的语感美。

二、说说写写，欣赏文字之美

说的方面，从语言表达上欣赏文字之美。无论是人际交往方面，还是现在社会各个方面都需要沟通，需要交流，而人与人之间交流思想、沟通感情最直接、最方便的途径就是语言，有较好的语言表达能力也是一个人所拥有的财富。语言能力强，双方就能顺利而准确地接收和理解信息，也能顺利地交流；语言能力弱，一方就不能很好地把信息传递给对方，交流会因此中断，甚至中止，遭遇茶壶煮饺子，有嘴倒不出的尴尬。我每接收一个新班，见面第一件事就是训练学生说话，介绍自己的姓名、兴趣、爱好、家庭成员。在介绍时，我不是提语言表达的要求，而是换种说法，让学生认真欣赏谁说得清楚、明白、动听。声音以洪亮、清晰为美，方式以开门见山、言简意赅为美，语言、内容都以简练为美，虽然都是以训练语言表达能力为目的，但学生从欣赏美的角度来听说，心理上压力少了一点，难度低了一点。语文课开篇的第一件事就是先做好语言表达的铺垫，为语言表达的美打好基础。那么，在课堂上怎样欣赏语言表达的美呢？现以一年级能说会道中《学习打电话》为例，学生学习打电话，开口先向对方问声"您好"，表示友好，这是对文明礼貌美的培养，久而久之，会形成一种个人素养的美；小朋友在课堂上练习打电话时，跟自己的同学或小朋友说话时，"您好"语调稍高，语气轻快，自然地流露出同学间、朋友间亲密无间的情感关系，给对方带去一份愉悦心情；跟老师或长辈们说话时，"您好"语调明显平缓了一点，语气严肃，略显拘束，也略带谦恭，表达对长辈的尊重；同学生病了，"那你要去看医生哟，快点好，跟我们一起来上课"，嘱咐同学要勇敢打针吃药，给他人带去关切问候，这是语言表达情感之美。一年级学生语言表达能力较差，说话声音响亮、意思表达清楚的，我称为"说得美"；说话干脆利落、声音甜美的，我称为"甜脆美"；说话中能表达出对同学的关切之情，让同学心里感受到温暖而心里美美的，我称为"玫瑰花香美"（取"赠人玫瑰，手留余香"之意）。从欣赏美的角度让学生学会语言表达的准确、完整，注意语言表达的方式和技巧，注意语言的生动性和浓厚的感情色彩——"我什么都看不见"与"春天来了，我什么都看不见"的差别在于，语言表达的不同，效果有天壤之别，语言表达美才能打动人心。

写的方面，从两点欣赏文字之美：一是写字之美。写字时，首先从框架入手，分析字的形体美，如"白"，在田字格里，指导书写时，这个字偏向于横向发展，扁圆一点，看起来就像一个人的身材魁梧一点，有一种壮实之美；如"月"字，偏向于纵向发展，笔画中两横写得瘦削一点，一撇与横折写得圆润一点，这样"月"就像是一个年轻女子的身材一样，既苗条又圆润，那一撇还带有女子走路时婀娜多姿的动态美的感觉。低年级学生在写字中加以形象化的想象，欣赏字的形体美，易识记，又培养了学生写好汉字的兴趣。高年级学生还可从书法之美入手，在写字的过程中享受美。二是从写小练笔感受写之美。中年级的学生，我都要求写小练笔。中年级学生写留言时，如去哪玩，或外出做什么，有什么事等，我都要求他们附上表情简笔画，还教会学生用一些言简意赅的古文常用语来表达，如"勿担心""莫忧啊"，有点文绉绉的意境，让学生在感受上沾了点古韵的意味；除了要求礼貌用语外，其他留言的句式、语气可变一变，换一换，尽量体现轻快与活泼，如可根据不同内涵称妈妈为"后勤部长"，称爸爸为"董事长"，学生各取所好，绞尽脑汁，力求形象贴切还有创意，有的还利用谐音称爸爸为"教授"（较瘦）。小练笔不但让学生练写，还让学生在诙谐的留言中感受快乐之美。在写的过程中感受写的快乐美，对习作化难为易有很大的作用。高年级的学生，在微信上，晒小感言，大感慨，言物，言事，言志，原创的思想美，将美的人、美的事、美的物写出来，孔雀开屏般地展现美。

三、品品评评，感受思想境界之美

语文S版三年级语文上册第六单元的单元导语里有这样一句话："美好的品质就像鲜花一样，能让我们的生活更加灿烂。"这个单元里《群众也在淋雨》一文中的周总理，与群众一起淋雨，同甘共苦，令人敬佩。我让学生反复诵读"大雨倾盆而下……只见他彬彬有礼地站在原地……群众也在淋雨，我怎么不能"等句子，品一品，感受周总理与群众一起淋雨的高尚品质；演一演，大雨倾盆时群众及总理的神态、动作，可以将当时的情景重现，具体感受总理的高尚品质；用对照法评一评，如果你们也处在那种情形下，是不是见了伞就条件反射地躲雨，不顾形象，也管不了群众有没有淋雨。还有《珍贵的教科书》中的张指导员，文中"他才微微睁开眼睛，嘴里念叨着：书……书……"，一个生命已垂危的人，置自己生命于不顾，心里惦记的还是那捆书，还是为别人着想，这是多么可歌可泣的高尚品质。周总理与张指导员品质之高尚在于人品、精神境界上高人一等。品品评评，比较对照，感同身受，让学生好像闻到了他们散发出来的品美之芬芳，品质之美好才能像鲜花一样灿烂地开在学生心中。有了书中的榜样，再结合课文单元周，观察并发现你周围人物的人性美，如孝敬老人、扶孤助弱等实例，人性的美具体到你熟悉的人身上，书中有榜样，生活有榜样，引导学生从善如流，独善其身，唯人品美至上，传承前辈们人性中的思想境界美。

四、笑笑用用，分享语文在生活中之美

语文在生活中应用最广，乐趣也最多。我常常摘录一些趣味语文，用平台播放，学生自由阅读，如短文"中国有两个体育项目不用看，也不用担心。一个是乒乓球，一个是男足。前者是'谁也赢不了'，后者是'谁也赢不了'；一支是'谁也打不过'，另一支是'谁也打不过'，有趣的语言表达，让学生笑笑"。每年春季开学，我也会背熟一些富有诗意的春联跟同学交流，询问一下他们有没有这方面的收获；平时说话出口成章，故意用上学生积累的词语，如甲学生摘抄诗句，我会有的放矢地跟甲学生说，我很喜欢你积累的诗句，我们来个诗句接龙怎么样？甲学生在诗句接龙过程中分享到积累的乐趣，也因为我关注了他的词语积累而更加高质量地完成作业，不但不敢让积累流于抄的形式，还千方百计抄好用好积累的知识。我以分享的形式检查了学生语文积累的作业，又培养

了学生分享的习惯，谁有新发现的趣味语文，有新观察到好句、好文章、好诗篇，都会拿到班上晒一晒，与同学们分享。学生们兴之所至，还会仿写，特有成就感。语文在生活中之美，我只从分享入手，在趣味中笑一笑，在积累中用一用，与学生们一起感受语文的乐趣，感受语文之美，在无形中培养学生爱语文的情感。

教语文，与学生们感受这四种美，循循引导，让学生爱上语文课，继而由爱语文而学语文，喜欢自觉识字，喜欢阅读，看到书就有阅读的欲望，在阅读中不断感受语文妙不可言的美，自然而然地提高阅读能力、理解能力、习作能力。

打开心房天窗，开启语文教学之路

　　转眼间，为期一周的跟岗学习即将过去。在一系列听课、上课和评课的过程中，我开始慢慢对新课改下的教学有了一点领悟。相比其他学员，我的表现比较差，一方面是参加工作几年来下的功夫不够，基本功不扎实；另一方面则是"先天"不足：作为一个农村学生，一个"80后"的学生，我到高三才有机会听普通话和讲普通话，导致一直以来表达受到影响，特别是在课堂上，思路一有点儿闭塞，马上就开始语无伦次，很遗憾！尽管这样，上大学后，特别是工作后，我奋起直追，不停地练习讲，哪怕讲得不好我也讲！所以这几年里，我最感谢的往往就是那些提供了机会让我走上舞台的人。

　　记得一位年纪较大的同事说过："展示课往往讲究的是天赋。"那时我真不懂，原以为很多事情经过磨炼就能成功。经过工作室一轮轮的听课和老师们的评课，我才渐渐明白这句话的含义。指导老师们真是非常优秀，什么问题都逃不过他们的火眼金睛，评析深刻，令人佩服至极！工作室的学员，个个精神抖擞，底气饱满，而且指导老师的意见很快就可以吸收，化为己用，我真的很羡慕他们。难道我就是那个没有"天赋"的学员吗？我应该好好分析、总结了。

其一，名师工作室提供了学习的机会，但我不一定非要成长为名师。当初参加工作室，我就没想过要做名师，只想从真正的名师底下，走出一条适合自己教学的路子来。教书的生活本来就不多姿多彩，能从平淡的工作中享受艺术的乐趣，无疑是我一直的追求。所以，我很希望能有一把开启艺术之门的钥匙，让枯燥的教学不那么乏味，做到事半功倍。这根本和"名师"的称呼没有直接关系。

其二，名师的艺术应该努力去学习和欣赏，但我不一定要生搬硬套。经过将近10堂课的观摩，特别是指导老师们慧眼独到的评析，我感触很深。每次评课，我都很安静地认真听，认真记，实在太到位，太精彩了！尽管很多我都不懂。叶松生老师的一堂课，我又找到了一回男老师上课的感觉：直接，干脆，幽默。从备课情况来看，他下的功夫应该没有我多，可为什么叶老师展示的内容就比我丰富、精彩呢？反思良久，抛开之前所说的底子差不讲，光从课堂内容的把握，我便懂得，教学首先要自己真的读懂，才能投入，才能上出自己的个性；其次要有选择地吸收别人的建议，因为适合别人的套路，未必就适合自己，应该更多地借鉴教学内容的定位和掌握。最后就是备课要学会抓矛盾的主要方面，一步步到位，切勿贪多贪大。简单地说，就是拿自己的绳子去绑住东西会更牢固。

其三，名师的路子很难走，但我会尝试打开一扇属于自己的天窗。如果我不能成长为名师，那不打紧。从名师的身上，我受到感染熏陶，别人学到十，我就认真学好三。如果两年以后，天窗旁边的一颗星依然暗淡无光，那不是天空的错，而是月亮太光明了，而星星早已习惯享受月亮的光环。

心房里的一扇天窗，我现在就已经打开，希望可以看到外面更精彩的世界，带给工作和生活更多、更大的乐趣。

（本文发表于《茂名教育》2012年第3期）

参考文献

［1］博赞.思维导图［M］.北京：中信出版社，2009.

［2］托尼·巴赞.思维导图——放射性思维［M］.李斯，译.北京：作家出版社，1993.

［3］江伟英.图解语文［M］.广州：新世纪出版社，2010.

［4］马笑霞.阅读教学心理学［M］.石家庄：河北教育出版社，1997.

［5］陈宏保.基于思维导图的语文教学探索［J］.小学教育教学，2013（9）：19-23.

［6］李玫.核心素养下小学语文统编教材整本书阅读教学研究［J］.智力，2022（12）：73-75.

［7］高鹏."整本书阅读"在小学语文高年级教研中的策略研究［J］.当代家庭教育，2022（14）：160-163.

［8］钟启泉.基于核心素养的课程发展：挑战与课题［J］.全球教育展望，2016（1）：3.

［9］中华人民共和国教育部.义务教育语文课程标准（2022年版）［S］.北京：北京师范大学出版社，2022.

［10］胡海舟.语文学习任务群：理解与落实［J］.小学语文教学，2022（13）：4-6.

［11］孙云晓.习惯决定孩子命运［M］.广州：新世纪出版社，2008.

［12］余秋雨.阅读文化［M］.广州：新世纪出版社，2009.

［13］孟子.孟子语录［M］.北京：作家出版社，2005.

［14］苏霍姆林斯基.给教师的一百条建议［M］.杜殿坤，译.南京：译林出版社，2007.

［15］苏霍姆林斯基.把整个心灵献给孩子［M］.唐其慈，等译.天津：天津人民出版社，1981.

［16］彭懿.阅读与经典［M］.南昌：二十一世纪出版社，2008.

［17］周兢.早期阅读发展与教育研究［M］.北京：教育科学出版社，2007.

［18］康长运.幼儿图画故事书阅读过程研究［M］.北京：教育科学出版社，2009.

［19］何花.互联网：经典阅读飞翔的翅膀［J］.语文教学通讯：小学（C），2016（9）：59–60.

［20］江莹莹."听书"：互联网＋时代阅读新方式［J］.新闻前哨，2016（11）：44–46.

［21］刘红.有声书，数字阅读的围猎场［J］.文化月刊，2016（3）：102–105.

［22］胡晓哲.谈小学语文阅读理解［J］.成才之路，2010（20）：40–41.

［23］马阿丽.浅谈小学语文阅读能力的培养［J］.小学教学参考，2011（3）：66.

［24］李亮.课程标准案例式导读（小学语文）［M］.长春：东北师范大学出版社，2012.

［25］吴立岗.小学作文教学论［M］.南宁：广西教育出版社，2017.

［26］何尧先，徐德华.观今鉴古 历久弥新——谈《新课标》写作目标与叶圣陶作文教育思想［J］.中国教育现代化，2004（1）：78.

［27］杨伟.小学作文教学新思维——小学语文教研专家柯孔标先生访谈录［J］.语文教学通讯：小学刊，2004（6）：4-8.

［28］叶瑞祥，沈晓良.教育学［M］.广州：广东高等教育出版社，2002.

［29］李志培.树立新理念，让口语交际教学见成效［J］.教育艺术，2010（1）：43-44.

［30］巴斯德.教学过程最优化——一般教学论方面［J］.教师，2012（10）：2.

［31］顾明远.留给学生自主学习的空间［J］.北京教育，2000（5）：1.

［32］张怀珠.小学语文教师［M］.上海：上海教育出版社，2013.

［33］韩志梅.谈作文教学的几点经验［J］.新课程，2015（9）.

［34］张媛媛.小学生微作文教学的实践与探索［J］.知识窗，2017（2）：41.

［35］于爱珍.创新教学方法，提高小学微作文教学［J］.教育（文摘版），2016（7）.

［36］张童兰.微作文，小学语文写作教学的新途径［J］.作文成功之路：教育前沿，2017（10）：89.

［37］余志芳.学习·运用——小学语文课堂微写作的实践与思考［J］.江西教育，2017（11）：40-41.

［38］张璐.统编版小学语文习作单元教学策略探讨——以四年级上册第五单元为例［J］.安徽教育科研，2022（13）：30-32.

［39］张瑞敏.小学语文习作单元教学策略与实践［J］.基础教育论坛，2022（15）：63-64.

［40］袁涛，崔红霞.论合作学习策略［J］.济南大学学报（社会科学报），2003（2）：74-77.

［41］中华人民共和国国务院.国务院关于基础教育改革与发展的决定［J］.中国教育政策评论，2001（1）：380-393.

［42］古德，布罗菲.透视课堂［M］.陶志琼，王凤，等译.北京：中国轻工业出版社，2002.

［43］金翎.小学语文课堂有效教学研究［D］.长沙：湖南师范大学，2012.

［44］周燕芳.合作学习在小学语文教学中的应用［D］.武汉：华中师范大学，2013.

［45］于雪芹.小学语文教学策略［D］.呼和浩特：内蒙古师范大学，2013.

［46］叶圣陶.语文教育书简［C］//叶圣陶语文教育论集.北京：教育科学出版社，1980.

［47］朱一华.口语交际教学中创设情境的运用［J］.河南：河南南阳理工学院报，2011（11）：70.

［48］吴忠豪.小学语文课程与教学［M］.北京：中国人民大学出版社，2010.

［49］李召存.教学中主体参与的有效性分析［J］.中国教育学刊，2000（5）：26-28.

［50］郭思乐.教育走向生本［M］.北京：人民教育出版社，2008.

［51］于兵.浅谈小学语文高效课堂的构建［J］.延边教育学院学报，2012（3）：102，103，106.

［52］边林梅.在口语交际训练中培养学生的思维能力.新课程教育研究：新教师教学，2014（1）.

［53］曹爱卫.领悟编排意图　加强口语交际指导［J］.小学语文教师，2016（12）：53-56.

［54］单宗君.小学语文阅读教学的困境分析及对策［J］.科教文汇，2013（3）.

［55］陈惠治.关于小学语文教学中培养学生自主阅读能力的思考［J］.新课程（小学），2013（5）：75.

［56］朱鹏飞.让美与语文教学相依相偎——小学语文阅读教学审美教育的思考与实践［J］.学生之友，2010（3）：26.

［57］吴忠豪.小学语文课程与教学［M］.北京：中国人民大学出版社，2015.

［58］吴忠豪.从教课文到教语文［M］.北京：高等教育出版社，2012.

［59］谢利民.教学设计［M］.北京：中央广播电视大学出版社，2006.

［60］李建国.探索语文作业的有效性［J］.小学语文教师，2006（6）.

［61］杨九俊.学习任务群：语文学习的创新样态［N］.中国教育报，2022-06-10（9）.

［62］郎镝.语文跨学科学习的"四个延伸"——以统编教材七年级下册《活板》一课为例［J］.语文建设，2022（9）：23-27.

［63］赵兴龙，王冰洁，张俊.技术促进语言运用的五个假设［J］.中国电化教育，2011（4）：13-20.

［64］周淑卿.深化学习的跨领域课程：台湾的课程案例探讨［J］.全球教育展望，2021（11）：15-25.

［65］胡子祥.从品味语言中培养学生的辩证思维能力［J］.教育学术月刊，2009（1）：111.

［66］徐梅英.新基础教育下的读写思维训练［J］.上海教育科研，2005（4）：94–95.

［67］陈录生，马剑侠.新编心理学［M］.北京：北京师范大学出版社，2002.

［68］苏庆德.小学语文个性化作文教学的问题及对策［J］.才智，2015（4）：128.

［69］王娟.小学语文作文教学的个性化教学分析［J］.中国校外教育，2015（6）：107.

［70］王艳.小学语文个性化作文教学探讨［J］.中国校外教育，2015（7）：46.

［71］袁建国.浅谈小学语文教学中"综合性学习"的开发与利用［J］.中国科技经济新闻数据库·教育，2016（8）：237.